Z 2

Andreas Wolf

Z 2

Bibliografische Information der Deutschen Nationalbibliothek

Die Deutsche Nationalbibliothek verzeichnet diese Publikation in der Deutschen Nationalbibliografie; detaillierte bibliografische Daten sind im Internet über http://dnb. de abrufbar.

© 2018 Andreas Wolf

Satz, Umschlaggestaltung, Herstellung und Verlag: BoD – Books on Demand

ISBN 978-3-7481-1498-7

Inhalt

I. Einleitung

Die Menschen, schreibt Douglas Adams, werden geboren, dann sterben sie und dazwischen verbringen sie die Zeit mit dem Tragen von Digitaluhren.

Offensichtlich besteht der laue Witz dieser Bemerkung darin, dass in der Zeit zwei Ebenen kollidieren, zum einen die reale Zeit mit ihren Stunden und Tagen, zum anderen die Zeitlichkeit selbst, nämlich die der Existenz. Diese Schrift möchte das Phänomen näher betrachten und stellt daher die *Zeit*, den Menschen, sprich: das *Subjekt* sowie das *Licht*, das mit seinen sehr einfachen und diskreten und vor allem digitalen Zuständen des An und Aus eine überraschende Funktion einnehmen wird, in den Mittelpunkt der Betrachtung. Philosophisch interessant sind die Begriffe also, weil sie *Grenzbegriffe* sind. Wir stellen uns bei diesem großtönenden Terminus bequemerweise ein kleines Zollhaus im Gebirge vor, das derart gebaut ist, dass der eine Teil des Gebäudes in dem uns bekannten Land liegt, während der andere Teil sich bereits im Nachbarland befindet, und setzen, um das Bukolische auch richtig schön dick aufzutragen, eine **Schranke** mitten in den Weg. Wir benutzen bewusst dieses behäbige Bild, nämlich als Verneigung vor Ernst Jünger und seinem sehr anschaulichen Beispiel einer *Zollstation* (Das abenteuerliche Herz, zweite Fassung), das wir, der Verständlichkeit wegen, frei übernehmen, und hoffen, dass es uns noch gute Dienste leisten wird. Namentlich das der Schranke.

Die Begriffe Zeit und Licht sind philosophisch unbelastet. Der Begriff des Subjekts ist hingegen schwer diskreditiert und daher erläuterungsbedürftig.

Indem wir den Begriff des Subjekts stark machen, unternehmen wir weder einen „transzendentalen Napoleonismus" noch wollen wir uns „schönseelisch" in Empfindungen verlieren. Auch bedeutet der Rückgriff auf subjektive Erfahrungen keineswegs, dass diese nun singulär wären, wie überhaupt das besondere Subjekt ein Pleonasmus ist: Jedes Subjekt ist besonders (indem es seine eigene Welt ausbildet). Einmalig sind wir alle (oder *waren* es zumindest).

Gleichwohl wird der Fortgang der Erläuterungen den Begriff des Subjekts ins Zentrum stellen. Deswegen sei den Einwänden gleich die Spitze genommen. Wir halten ausdrücklich gegen das verbockte Fichtesche Ich, das angeblich die Welt setzt (was ontologisch *sehr* gewagt, real völlig verrückt und noch nicht einmal psychologisch richtig ist) sowie gegen den ziemlich liebenswerten Individualanarchisten Stirner (*Der Einzige und sein Eigentum*) und erklären, um gleich zum Ende einer verqueren Scheindiskussion zu kommen, dass der Solipsismus zwar einen richtigen Gedanken ausspricht, ihn aber falsch verortet. Es gibt unzählige Argumente gegen den Solipsismus (der also offensichtlich ein zähes Eigenleben zu haben scheint). Am augenfälligsten ist das bekannte Privatsprachenargument von Wittgenstein: Das Ich kann sich nur und allein im allgemeinen Medium einer überpersönlichen Sprache verstehen oder missverstehen. Wir wollen also diese eigentümliche Doppelstruktur von wahrem Gedanken und völlig falscher Ausführung wie folgt markieren: „Was der Solipsismus *meint*, ist ganz richtig, nur lässt es sich nicht *sagen*, sondern es zeigt sich" (Wittgenstein, Tractatus). *Was* sich da **zeigt**, werden wir noch genauer sehen. Es ist auf jeden Fall eine erkenntnistheoretische Pointe.

Auch wir wollen das Hohelied der Liebe (Paulus) singen. Jede Form der Liebe, sei es im „vollen Reden" (Lacan), sei es in der ruhigen Anschauung, sei es im Verständnis, ist erotisch im weitesten Sinne, und dieses Erotische wiederum ist nichts anderes als eine Annäherung, wobei die Zeugung (oder Empfängnis) die höchste Form der Annäherung ist. Wo aber die Annäherung preiswürdig ist, muss die Distanz so etwas wie die Geschäftsgrundlage sein. Eine merkwürdige, sehr *eigentümliche* Geschäftsgrundlage. Denn das Andere erscheint immer auch seltsam operettenartig, anziehend zwar, aber doch wie schaumgeboren, und der Andere irgendwie soubrettenähnlich (oder pagenhaft), auf jeden Fall erscheint er ontologisch halbseiden und ungeerdet, er hat, so denken wir, keineswegs die *Seriosität des Seins* (Thomas Mann), die wir glauben für uns selbst beanspruchen zu dürfen, und die wir uns doch glatt zusprechen würden (allerdings nur privatim und in stillen Stunden, denn sonst gäbe es – erstaunlicherweise – *echten* Ärger).

Deine Schmerzen sind mir nach dem Muster meiner Erfahrungen erlebbar, deine Worte nur nach meinen Konnotationen anschaulich (weshalb, so Kant, das russische Wort für Buch, „kniega", für jeden Nichtrussen ein leeres und reines Geräusch bleiben muss), deine Welt wird sich meiner Welt irgendwie akkommodieren müssen, sofern sie Eintritt erlangen will. Das sind banale Beispiele und somit gradueller und empirischer Art. Der Tod hingegen ist ein nichtbanales Beispiel, ja kaum noch ein Beispiel zu nennen, er ist keineswegs empirischer, sondern metaphysischer und, wie sich gleich zeigen wird, kategorischer Art.

*Dein Tod ist ein empirisches Erlebnis und somit ein Verlust. Die Welt ist ärmer geworden. Das Bild verlöscht. Mein Tod ist kein empirisches Erlebnis, sondern wesentlich mehr, nämlich das Ende jeglicher Erlebnisse und auch jeglicher Empirie. Es ist, streng genommen: ein Ereignis. Der Rahmen bricht. Hier ist die Welt nicht ärmer geworden, sondern vollständig verloren. Während dein Tod ein Verlust **in der Welt** ist, ist mein Tod der*

*Verlust **der Welt** selbst. Das ist ein schwerer kategorischer (genauer gesagt: existentialer) Unterschied. Diesen entscheidenden Unterschied gilt es klar zu markieren, um nicht in heillose Verwirrung zu stürzen.* Philosophisch gesehen kann man sich auf den Tod allerdings immer verlassen.

Der Tod ist eine antiobjektivistische „Naturkonstante" innerhalb einer objektivistischen Welt. Ja, mehr noch: Er meldet nachdrücklich Zweifel an der „Weltlichkeit der Welt" (Heidegger) an und zeigt mehr oder weniger frech, wir möchten fast sagen: katzenhaft frech, ihre phänomenale Seite. Wir benutzen den Begriff der Phänomenalität zunächst einmal in seinem landläufigen, allerdings auch abgründigen Sinn, nämlich als Erscheinen, womit noch völlig unklar bleibt, wer oder was erscheint und vor allem: ob dieses Erscheinen ein Aufscheinen im Sinne eines Zeigens und gar Offenbarens oder als Scheinhaftigkeit im Sinne der Täuschung zu verstehen ist oder womöglich beides zugleich, nämlich derart, dass die Täuschung nichts anderes als die Offenbarung selbst sein könnte. Wir halten eine – spätere – Darlegung keineswegs für reine Scholastik, denn die Welt selbst hat diese nicklige und – fußballerisch gesagt – sehr unschön zu bespielende Struktur, so dass Klagen und Stoßseufzer letztlich an die Wirklichkeit selbst zu richten sind.

An sich ist die Welt von höchster Wunderhaftigkeit und besitzt keineswegs jenes glatte touchpadartige Bedienerfeld, also eine vermeintlich objektivistische Oberflächenstruktur, *die im Vollzug des Lebens fortschreitend verlängert und zugleich dabei auch immer stärker verschleiert wird.* Man kann hier in einer rhetorischen Zuspitzung der Verhältnisse von einem *designten Seinsverhältnis* sprechen, was natürlich eine famose Sache ist, denn nur so können wir als Schnupperkursteilnehmer des Lebens die Dinge ziemlich vereinfacht sehen, in ihnen recht geläufig handeln und gleichsam auf einem Ozean von Fragen leichthändig navigieren und uns dabei auch noch als Kapitän aufspielen, wir, die wir ja bestenfalls Leichtmatrosen und postmoderne User sind. Das Ganze ist also, kurz gesagt, *eine doppelte* Simulation, recht nett zu befahren, aber natürlich grundfalsch, grundfaul und vor allem abgründig. Denn ob wir überhaupt in einer Art von kumpelhafter Nähe mit der Welt und namentlich mit dem sogenannten Sein auf einem vermeintlichen Duzfuß stehen, und wenn ja, wie und vor allem warum, scheint uns doch einer näheren Betrachtung wert.

Wir möchten der Einfachheit halber diese Überlegungen in den Bereich des mittleren Erstaunens setzen. Als großes Erstaunen bezeichnen wir hingegen, dass es eine Welt überhaupt gibt, dass, ungeachtet näherer Bestimmungen, etwas da ist und nicht vielmehr nichts, was, rein formal betrachtet, die bei weitem eleganteste Lösung wäre. Beide Phänomene sind *hochgradig unverständlich* und absolut erklärungsbedürftig (wir wüssten beim besten Willen nicht, was *noch* erklärungsbedürftiger wäre). Man kann beides als metaphysische Fragen bezeichnen (und somit sachlich abweisen), wohingegen das kleine Erstaunen alltäglich ist und somit in den Bereich der Empirie fällt, nämlich das Phänomen der Zeit, das in diskreten Übergängen die hier angedeutete (metaphysische) *Da/Fort-Problematik* (empirisch) permanent wiederholt und somit einen an sich sehr rätselhaften Vorgang bis an die Grenze des Selbstverständlichen banalisiert.

Wir sind nachdrücklich der Ansicht, dass in der öffentlichen wie auch wissenschaftlichen Behandlung dieser Problematik - mitsamt ihrer Tendenz zur kompletten Bagatellisierung - ein schwerer und daher *notwendiger* Verkennungsmechanismus wirksam ist, der, in einer altmodischen Terminologie gesagt, dem Begriff der Verdrängung vollständig entspricht, einer Verdrängung, die vielleicht nichts anderes als die Kulturleistung selbst sein könnte. Wir halten das sachliche Desinteresse an dieser Fragestellung für absolut konstitutiv, um überhaupt so etwas wie „Welttüchtigkeit" zu erlangen, und betrachten die Zurückweisung dieses Problems, das zwischen innerem Augenrollen und offenem Kopfschütteln liegen mag, als eine Fluchtbewegung, deren Gründe wir im Fortgang ausfindig machen möchten.

II. Die Zeit

Interessante Folgen aus einem bräsigen Beginn.

Wir definieren die Zeit ganz traditionell als Maßstab für die Bewegung (wörtlich: Veränderung) der Dinge im Raum (Aristoteles, Physik). Ein Apfel (Ding) fällt (Bewegung) vom Baum zur Erde (Raum), und zwar in einer bestimmten Zeit. Für Bewegung können wir umstandslos den Begriff der Kausalität einsetzen, denn Bewegung ist letztlich nichts anderes als Kausalität, hier allerdings: *notwendige* Bewegung. Interessant an der Definition des Aristoteles ist, dass beide Terme deckungsgleich und somit funktional vertauschbar sind. Wir können also sagen: Zwei Sekunden sind gleich dem Fall des Apfels von einem bestimmten Baum, wie auch: Um zu wissen, was zwei Sekunden sind, brauchst du nur den Fall des Apfels von einem bestimmten Baum zu beobachten. Die Zeit ist also nur der *Maßstab,* umfasst aber die Bewegung (Kausalität) der Dinge im Raum, namentlich: ihre *Geschwindigkeit.* Wenn wir also sagen: Es ist später geworden, müssten wir also korrekt sagen: Die Bewegung der Dinge im Raum war komplexer als vermutet, was natürlich die erste und kurze Aussage implizit immer schon mit meint.

Wir wollen die Geschichte einer Philosophie der Zeit nicht unnötig breittreten und beschränken uns auf einige Weiterungen, Erneuerungen und Umwälzungen des bequemen aristotelischen Zeitbegriffs. Zentral ist hierbei Augustinus, der in seinen Bekenntnissen (*Confessiones*) den Zeitbegriff a) theologisiert, b) kasuistisch macht und c) einige sehr erstaunliche Gedanken hinzufügt. Theologisch ist der Gedanke, dass die Zeit gleichsam die Geschäftsbedingungen des Irdischen darstellt, eine Art AGB, die man, ähnlich einer Facebook-Mitgliedschaft, vielleicht etwas fahrlässig unterschrieben hat, um überhaupt dabei zu sein. Die Zeit ist der Modus des Irdischen. Der Zeitrahmen selbst besteht aus Vergangenheit, Gegenwart und Zukunft. Die Vergangenheit ist der abgelebte Modus des Zeitlichen, die Zukunft ist das vage Ausstehende und nur die Gegenwart, hier genau: der **Augenblick**, hat eine materielle Qualität. Kasuistisch wird die augustinische Argumentation jedoch insofern, als genau dieser Augenblick rasierklingendünn zwischen einem unendlichen Nichts der (idealisierten) Vergangenheit und einem unendlichen Nichts der (vagen) Zukunft steht.

Diese Argumentation ist nicht völlig unproblematisch, und zwar aus einem einfachen psychologischen Grund. Wie überhaupt nur die Zeit für den auffällig wird, der sie verloren hat, ist die formale Kasuistik des *Jetzt* ein vorderhand geradezu klassisches Degenerationsphänomen. Ein Leben nämlich, das sich sinnvoll glaubt oder es gar ist, würde *so* überhaupt nicht fragen. Zudem sind derartige Überlegungen vor allem *Reflexionsbestimmungen* (Hegel, Phänomenologie des Geistes), also abstrakte Hirnakrobatik, für die Hegel grundsätzlich das bösartige Wort des (gegenstandslosen) *Räsonnements* bereithält. Wir sehen aber auch die Stärken des Arguments deutlich. Denn immerhin könnte es ja sein, dass sich in der realen und vorderhändigen Gegenstandslosigkeit des reinen Jetzt-Moments etwas sehr Wesentliches versteckt hält, und da wir es im Weiteren sehr häufig mit Verbergungsphänomenen zu tun bekommen werden – eine *extrem fiese Struktur dieser Welt, das können wir jetzt schon sagen* – wollen wir hier nicht zu großsprecherisch sein.

Augenfällig jedenfalls beinhaltet die Philosophie des Augenblicks zwei interessante Denkfiguren. Augustinus, oder wie wir ihn jetzt korrekt als Heiligen Augustinus bezeichnen wollen, erkennt zwei bedeutende Momente im Augenblick. Erstens, den des Ereignisses, den man nach Grimms Wörterbuch auch als „*Eräugnis*" bezeichnen kann, nämlich als Sichtbarmachung (der Dinge durch das Subjekt) und Sichtbarwerdung (des Subjekts durch Gott). Zweitens erlebt das Subjekt streng genommen *nur* den Augenblick. Sein Lebensweg mag durch Räume und Zeiten führen, wie es ihm beliebt, die Jahre und Länder mögen fern sein, wie sie wollen, das Subjekt, streng genommen, lebt nur den Augenblick, alles andere sind vage Mutmaßungen oder vom Efeu der Erinnerung umwucherte Phantasmagorien des Gewesenen, kurz und mit einem Ausdruck gesagt, der eindeutig nachaugustinisch ist: Kopfkino. Und so, wie das Subjekt im Verzehr der Zeiten immer im Jetzt ist, liegt – nach Augustinus – auf seinem Treiben auch immer das göttliche Licht (oder: Spotlight) des mitwandernden himmlischen Auges im Ereignis, das wir als Eräugnis hergeleitet haben.

Wir sprachen vom Heiligen Augustinus, und das vor allem in Hinsicht auf folgendes Phänomen: das des *Zeitpfeils*. Mit der Erschaffung der Welt habe Gott einen Mechanismus in Gang gesetzt, nämlich den der völligen *Irreversibilität der Zeit*. Während der Raum (zumindest in einem alltäglichen Verständnis) anspruchslos zu bereisen ist, mit Hin- und Rückfahrt, lässt die Zeit keinerlei reversible Operationen zu. Man kann hier vom starken Atem Gottes sprechen oder auch davon, dass das Paradies verriegelt sei „und der Cherub hinter uns; wir müssen die Reise um die Welt machen, und sehen, ob es vielleicht von hinten irgendwo wieder offen ist" (Kleist, Über das Marionettentheater), doch das sind zunächst einmal literarische Metaphern, fast noch Redensarten. Wir wollen sachlich bleiben und zweierlei festhalten: Boltzmanns Gesetze der Thermodynamik haben im 19. Jahrhundert diesen erstaunlichen Grundgedanken physikalisch bestätigt. Dass Zeit überhaupt vergangen ist, lässt sich, kosmologisch gesehen, neben der abnehmenden Temperatur des Universums nur noch daran erkennen, dass die Dinge irreversibel komplexer, sprich: *entropischer* werden, wodurch auch erklärt wird, dass ein auf den Boden gefallenes Wasserglas sich nie mehr zusammenfügen lässt, es ist nämlich, etwas blöde gesagt, *Zeit* hindurchgeflossen. Und das bedeutet aber auch: Zeitreisen sind *im Materiellen* unmöglich. Denn wären sie möglich, bräuchten wir uns keine Gedanken über einen Besuch in *unserem* Mittelalter zu machen, sondern wären längst unsererseits schon von zukünftigen Menschen auf Reisen in *ihr* Mittelalter *besucht worden*. Wir werden es also weiterhin mit dem Träumen versuchen müssen.

Grand Design.

Die erstaunlichste Neufassung des Zeitbegriffs unternimmt Immanuel Kant. Für ihn sind Zeit und Raum Anschauungsformen, die es ermöglichen, überhaupt etwas zu erkennen. Diese Anschauungsformen können selbst nicht empirisch sein (weil sie die Empirie ja erst mental konstituieren). Zeit und Raum sind die *Ordnung der Dinge*, also eine Matrix, deshalb nennt Kant sie *transzendental*.

Das bedeutet zunächst nur die „Bedingung der Möglichkeit". Um ein Ding erkennen zu können, muss es sich in Raum und Zeit befinden. Der Unterschied zwischen empirisch und transzendental ist denkbar einfach: Alles, was man zur Not auch weglassen könnte, ist empirisch, alles, was zwingend notwendig ist, ist transzendental. So gesehen ist ein Leben ohne Möpse vielleicht sinnlos, aber auf jeden Fall möglich. Das gilt ausnahmslos für alle Dinge, jedoch niemals für Zeit und Raum. Allerdings weisen beide eine doppelte Struktur auf. Sie sind zum einen *konstitutiv für die Welt*, zum anderen natürlich auch *operativ in der Welt*. Selbstverständlich lässt sich der Raum, also das Volumen einer Kaffeetasse, berechnen (sozusagen: der kleine Raum) wie auch ein Hundertmeterlauf stoppen (sozusagen: die kleine Zeit). Wir nennen den kleinen Raum *R 1*, den großen Raum *R 2*, und entsprechend die kleine Zeit *Z 1*. Für die große Zeit, die Matrix, die Bedingung der Möglichkeit, behalten wir uns ein besonderes Kürzel vor, nämlich: *Z 2*.

Wir wollen uns nicht in Kants *Kritik der reinen Vernunft* verlieren und deshalb nur auf einen vorderhand belanglosen Aspekt sowie auf ein schwerwiegendes Problem verweisen. Der zunächst belanglose Aspekt, der allerdings noch bedeutend werden wird, besteht darin, dass Kant der Zeit den *Vorrang* gegenüber dem Raum zuweist. Kant begründet das naheliegend: Während alle äußeren Dinge in Zeit und Raum ablaufen, sind die inneren Dinge raumunabhängig. Um zu träumen, einen Gedanken zu denken, Musik zu hören, bedarf es keiner

Raumdimension, allerdings jener der Zeit, denn jede Verfertigung von Gedanken, jedes Verstehen ist zeitlich. Auch das Genießen hat eindeutig einen zeitlichen Index.

Das schwerwiegende Problem ist hingegen das, was Kant als die *Antinomien der reinen Vernunft* bezeichnet. Nahezu jeder Mensch – vorzugsweise im Grundschulalter – wird auf sie gestoßen sein. Denn entweder sind Zeit und Raum endlich, und dann müssen sie einen Anfang beziehungsweise eine Grenze (also eine metaphysische „Verankerung", einen „Grund", und das wiederum heißt: einen Ursprung) haben, oder sie sind unendlich (und haben dann ihrerseits eine metaphysische Qualität). Die Empirie führt also nicht weiter. Nun ist der Begriff des *„Ursprungs"* so ungefähr die schlimmste Beleidigung, die man der empirischen Wissenschaft und übrigens auch jedem Marxisten antun kann, denn sie entzieht ihnen, streng genommen, die Geschäftsgrundlage. Denn ihre Geschäftsgrundlage ist ja die Empirie, die wir kurzerhand *Z 1*, nämlich Zustand 1, also das Wirkliche (und seine Gesetze) nennen. Deshalb auch ein gewisses Changieren hinsichtlich des sogenannten Urknalls, oder auch Singularität genannt, was an sich kein Problem wäre, aber streng genommen empirisch nie hätte stattfinden können, eine Peinlichkeit, die namentlich hinsichtlich ihres vorgängigen *Zustandes,* wir nennen ihn der Einfachheit halber: *Z 2* (und erinnern uns dabei an das Schimpfwort des Ursprungs), als kritische Quantenfluktuation eines namentlichen *Nichts* – oder wie auch immer anders – herbeizitiert werden mag. Leider bleibt das Problem bestehen. Es lautet: ***Die Empirie ist nicht empirisch. Und kann es auch gar nicht sein.***

Auch die zunächst ausgesprochen elegante Lösung Kants, dass Zeit und Raum zum einen empirisch real (nämlich im Sinne der messbaren Größen) und zugleich transzendental ideell (nämlich im Sinne eines allgemeinen denknotwendigen Rasters) sind, zeigt hier völlig ungeschminkt ihr unschönes Gesicht. Denn so würde die Zeit (als Kausalität) sowohl das (empirische) Bild der Wirklichkeit malen als auch zugleich ihr (transzendentaler) Rahmen sein. Sie wäre also Inhalt und Form in einem. Das mag unsere überwältigende Erfahrung mit der Zeit ausdrücken. Sie ist aber logisch hochgradig problematisch und scheint eher der Ausdruck einer **Verkennung** oder des philosophisch „schlanken Fußes" als eine echte Hilfe zu sein. Es sei denn, hinter dieser logischen Aporie verbirgt sich etwas ganz Wesentliches, *nämlich eine Art von binärem Code, allerdings metaphysisch binärem Code, dann würde dieses Dilemma schon einigen Sinn machen. Vielleicht verschränkt sich hier irgendetwas. Und was? Keine Ahnung. Sehen wir etwa aus wie Aristoteles? Eben.*

Wir können die Frage in diesem frühen Stadium unserer Überlegungen allerdings nicht entscheiden und zeigen sie deshalb nur auf.

Offensichtlich liegt das Phänomen der Zeit für einen Großdenker wie Hegel ziemlich abseits seines Denkweges, denn seine speziellen Ausführungen hierzu sind von einer erstaunlichen Beiläufigkeit. Das ist umso merkwürdiger, als er ja das gesamte Weltgeschehen auf unabsehbare Weise (Marx, Frankfurter Schule, Strukturalismus) dynamisiert und einem entwicklungsgeschichtlichen Prozess unterworfen hat. Ja, man kann umstandslos sagen, dass *jedes* heutige Denken, vom wissenschaftlichen Denken bis hin zum Alltagsdenken, die Zeit als den zentralen innerweltlichen Entdeckungshorizont namhaft gemacht hat. *Dass es die Zeit richtet, ist die zentrale Hintergrundmetapher der Moderne.* Wir wollen hier so klar wie möglich reden und sagen, dass *sämtliche* Fragen und Probleme des Lebens der innerweltlichen Zeit, sprich: der Geschichte überantwortet werden und innerhalb ihres Rahmens als prinzipiell lösbar erscheinen.

Wir können die *extrem* hohe Sinnfälligkeit und empirische Valenz dieses einfachen Gedankens keineswegs in Abrede stellen und kommen schon hier an unsere Grenzen, denn gesetzt, dass das Wissen exponentiell wächst, wäre es völlig unverständlich, ausgerechnet im verregneten Juli 2017 sinnvolle Aussagen über die Welt als Ganzes treffen zu wollen. Gäbe es aber eine *invariante Grundstruktur* – und von ihr ist ja versuchsweise die Rede – dann könnte sie Parmenides ebenso gut darlegen wie Karl Raimund Popper. Denn natürlich ändert sich der Mensch und somit auch die Wirklichkeit und somit auch deren Erfassung, *aber die Struktur der Welt sollte sich nun nicht ändern, denn sonst wären wir in einem völlig irren Universum,* und dann kann man gleich kegeln gehen. Wir übersehen den leicht frömmelnden Zug dieses Gedankens nicht und müssen frei heraus bekennen, dass uns diese metaphysische Grundstellung angesichts der naturwissenschaftlichen Wissensexplosion (auf die wir später noch bedenkenlos zurückgreifen werden) zumindest fragwürdig erscheint (und deshalb sprechen wir ja auch ausdrücklich von: Struktur). Denn es hieße im Umkehrschluss letztlich, nun gar nichts mehr zu sagen, den Weltgeist (der wir immer selbst sind) in Ruhe arbeiten zu lassen und stattdessen „seinen Garten zu kultivieren" (Voltaire, Candide). Wir aber besitzen überhaupt keinen Garten und werden in letzter Zeit auch etwas unruhig.

Betrachtet man Hegels Gedanken zur Zeit (Enzyklopädie der philosophischen Wissenschaften) etwas näher, so fällt auf, dass er sich bequemerweise aristotelischer, augustinischer und kantischer Gedanken bedient und sie mitunter nur mäßig originell umcodiert. Den naiven Zeitbegriff selbst übernimmt er a) von Aristoteles. Der Gedanke eines hohen Jetzt, des Augenblicks, ist – wie wir sahen – b) augustinischer Provenienz. Hören wir Hegel selbst: „Aber die Zeit selbst ist in ihrem Begriffe ewig; denn … die Zeit als Zeit ist ihr Begriff … Die Zeit wird nicht sein, noch war sie, sondern sie ist" (Enzyklopädie). Das ist ein spekulativ bedeutender Gedanke. Denn die Permanenz des Jetzt ist das bekannte Spotlight, das gleichsam von oben auf unserem Erdenlauf liegt und mitwandert. Interessant daran ist, dass Hegel das hohe Jetzt, das stehende Jetzt, kurz: das *nunc stans* nicht theologisch fasst (also als Momente, in denen man besonders intensiv an den lieben Gott denkt), sondern rein *formal.* Es hat also zwei Dimensionen: erstens die der Transmission, also *horizontal* (man geht von einer Gegenwart zur anderen, also das empirische Da und Fort), zum zweiten aber liftartig, also *vertikal* (man steht immer in der Spannung des transzendenten Da und Fort). Logisch, möchte man sagen, denn sonst könnte man ja auch nicht in jedem Augenblick sterben. Und genau dies soll ja empirisch der Fall sein. Mehr noch: Es ist der Fall schlechthin. Es ist nichts anderes als der „punktuelle Durchbruch" (Walter Benjamin) durch eine mehr oder weniger gemütliche Zeitachse.

Wir sprachen eingangs davon, dass Hegels Gedanken zur Zeit mitunter ziemlich schräg daherkommen. Wir erläutern dies kurz. Wie Kant geht auch Hegel vom Primat der Zeit über den Raum aus (wir werden gleich sehen, dass dies richtig ist, allerdings in einer anderen Hinsicht). Auch hier ein Zitat (Enzyklopädie): „Die Wahrheit des Raumes ist die Zeit, so wird der Raum zur Zeit; wir gehen nicht so subjektiv zur Zeit über, sondern der Raum selbst geht über. In der Vorstellung ist Raum und Zeit weit auseinander, da haben wir Raum und dann auch Zeit; dieses ‚Auch' bekämpft die Philosophie". – *Die Wahrheit des Raumes ist die Zeit* – das ist (formal) ein interessanter spekulativer Gedanke.

Die Zeit hätte nämlich dann – zu Ende gedacht – eine Raumfunktion. Das ist die Pointe, und hieße, dass das übliche objektivistische Raumzeitgerede die *metaphysische Funktion der Zeit* komplett unterschlägt. Wir glauben, dass Hegel diesen Gedanken *gesehen*, aber *nicht gedacht*, oder, was dasselbe ist: *weggedacht* hat, und zwar aus keinem anderen Grund als dem, eine *innerweltliche Erlösungsgeschichte* zu erzählen. Nichts anderes ist nämlich der Hegelianismus.

Seine Ableitungen sind zunächst einmal etwas befremdlich, aber, wie wir sehen werden, nicht völlig ohne Charme. Er sagt nämlich sinngemäß: Der Punkt ist die Negation des Raumes und die Zeit ist wiederum die Negation des Punktes (der im Fortgang der Argumentation dann zur Fläche wird). Vereinfacht, aber anschaulich gesagt: Man liegt auf einer Sommerwiese und hat ein starkes Raumempfinden. Nun kommt in einiger Entfernung eine nackte Frau über die Wiese (also der Punkt). Die nackte Frau negiert dieses hohe und vage

Raumempfinden. Da die Frau allerdings zwei Minuten später hinter einem Busch verschwunden ist, negiert wiederum die Zeit (also die Bewegung des Punktes im Raum) den (hohen) Raum und schließlich auch den Punkt (Da/Fort) selbst, sprich: Die Zeit ist die Negation (des Punktes) der Negation (des Raumes). So weit Hegel.

Wir mögen hier einiges missverstanden haben (wüssten allerdings auch nicht genau, was), aber es wäre gleichgültig, denn der entscheidende Gedanke ist bereits ausgesprochen: Erstens, die Wahrheit des Raumes ist die Zeit, zweitens, die Zeit hebt über die Negation der Negation den ziemlich inferioren Raum in sich selbst auf, und das heißt drittens: **Die Zeit hat eine Raumfunktion, ja, mehr noch: eine ontologische Funktion.** Womit wir allerdings schon bei Heidegger sind.

Sein und Zeit.

Das Schöne an Heideggers *Sein und Zeit* besteht darin, dass ihm eine Denkfigur zugrunde liegt, die man gemeinhin nur aus dem Märchen kennt. Sie lautet: *Das Geheimnis ist offensichtlich.* Die Frage nach dem Sein ist also wie die bizarre Suche nach einem *entwendeten Brief* (Poe), der trotz enormen Aufwandes deshalb (zunächst) nicht gefunden wird, weil er völlig augenfällig auf dem Schreibtisch liegt. So ist auch die Frage nach dem Sein anscheinend absurd, sinnlos, „leer", eine „*sonnenklare* Selbstverständlichkeit" (Heidegger). Wir markieren hier nur das Wort „sonnenklar", weil es uns im Folgenden noch auf das interessante Phänomen des Lichts hinweisen wird. Man könnte also eingangs sagen: Du brauchst überhaupt nicht zu suchen, das Problem liegt direkt vor deinen Augen, mehr noch: Du stehst bereits mitten darin. Mit Wittgenstein gesagt: „*Die für uns wichtigsten Aspekte der Dinge sind durch ihre Einfachheit und Alltäglichkeit verborgen*" (Philosophische Untersuchungen).

Leider, und das ist das Unschöne an dieser sehr smarten Struktur, hat das Sein die merkwürdige Eigenschaft, *sich **im Erscheinen zu verbergen*** (denn sonst wäre ja die Verkennung nichts anderes als schlichte Blödheit), was nur teilweise dadurch wieder vergolten wird, dass dieses Verbergen seinerseits ein *dialektisches* Verbergen ist (was nun wiederum den Nachweis schwierig macht). Es ist also ein *Zeigen ohne erkennbaren Grund sowie ein Grund, der sich erkennbar nicht zeigt.* Dem entspräche – in etwa – das Verhältnis von *Sagen und Zeigen* bei Wittgenstein (Tractatus). Das, was sich sagen lässt, lässt sich klar sagen (ist aber leider ohne metaphysische Bedeutung), und das, was metaphysische Bedeutung haben könnte, lässt sich wiederum nicht sagen. Es zeigt sich (und zwar genauer im Sagen des Sagbaren selbst). Wir dürfen hier also probeweise, und um überhaupt noch einen Begriff von den offensichtlich seifigen Verhältnissen zu haben, von einem physisch-metaphysischen Yin-und-Yang-Spiel sprechen. Allerdings könnte dieses *Zeigen selbst* einen Verweischarakter haben. Das allerdings wäre dann ein höheres Zeigen, das wir als **Z 2** bezeichnen möchten.

Um nun nicht völlig irre zu werden, greifen wir auf die uns bekannten Begriffe von Raum, Zeit und Subjekt zurück. Zunächst einmal darf mit Nachdruck gesagt werden, dass Heidegger kein großer Freund des *Raumes* ist. Räumliche Verhältnisse sind bei ihm grundsätzlich untergeordnete Verhältnisse. Im Raum stehen vorzugsweise Dinge herum, und wenn Menschen herumstehen, dann werden sie (objektivistisch) wie Dinge betrachtet. Wir können hier von einer extrem minderwertigen **Behältnisontologie** sprechen: Der Schreibtisch steht im Zimmer, das Zimmer wiederum im Haus, das Haus an einem bestimmten Ort, der Ort liegt auf einem bestimmten Breitengrad, der Breitengrad liegt auf der Erde, die Erde wiederum in einer entlegenen Galaxie, die sich ihrerseits am Arsch des Universums befindet. Der Raum, kurz gesagt, führt zu gar nichts oder wenn, dann komplett in die Irre, nämlich zu *Dingverhältnissen*. Und Dingverhältnisse verblöden. Und zwar so sehr, dass man irgendwann vor lauter (ontischen, also: empirischen, realen) Dingen die (ontologische, also metaphysische) *Struktur* der Welt nicht mehr sieht. Denn die Welt selbst – und das darf man als Pointe ansehen – ist nicht im Raum, sondern der Raum ist vielmehr in der Welt. Wie nun das?

Wir hoffen einige Klarheit ins Dunkel zu bringen, indem wir uns nun dem Subjekt zuwenden. Wir sprachen am Anfang unserer Überlegungen davon, einen sehr starken Subjektbegriff ins Feld führen zu wollen. Ein schwacher Subjektbegriff, um mit ihm zu beginnen, verdinglicht den Menschen, indem er ihn *räumlichen* Verhältnissen unterwirft. Nicht nur, dass er irgendwo im Raum herumsteht, sondern selbst seinerseits ein Raumgefäß ist. Das ist der *objektivierende Blick*, etwa bei einer Fahndung oder einer Operation, also eine Biomasse, die Spuren hinterlässt und der es ins Fleisch zu schneiden gilt.

Irgendetwas muss die Raumzeit-Stelle ja schließlich organisch füllen (Farnkraut, Dinosaurier, Lurch), und das Subjekt ist besser als nichts, aber leider auch nicht (wesentlich) mehr. Der mittlere Subjektbegriff konzediert dem Menschen einen gewissen kulturellen Seelenklimbim, der neben seiner Haupteigenschaft als Biotonne gleichsam ideologisch und ichfunktionell mitläuft. Er mag ihm eine eigene Welt einräumen (nicht ohne augenzwinkernd festzustellen, dass das vorgeblich Individuelle nichts anderes als das *individuell Allgemeine*, wir können hier geradeheraus und in einem gut marxistischen Sinne sagen: *seiner Zeit*, ist). Er ist also ein Pixel im Bild der Epoche. Immerhin.

Der starke Subjektbegriff (also Heideggers) behauptet zuerst, dass der Mensch nicht in der empirischen Welt *ist*, sondern eine empirische Welt *hat* und diese empirische Welt „mitnimmt". Damit nähert sich Heidegger, popliterarisch gesprochen, dem Mainstream-Rock der späten 80er Jahre an (Crowded House: „Everywhere you go, always take the weather with you"). Natürlich denkt Heidegger wesentlich komplizierter, allerdings auch treffender, er spricht nämlich von: *Gegend*, also einer Gestimmtheit, die jeweils dies und nicht das (aus einer großen Menge an Eindrücken) *be-gegnen* lässt. Wittgenstein würde in seiner unnachahmlich dadaistischen Art sagen: *„Die Welt des Glück-lichen ist eine glückliche Welt"* (Tractatus).

Man wird im Fortgang der bisherigen Überlegungen ohne Probleme von völlig verständlichen, ja naheliegenden Gedanken sprechen kön-nen, die allerdings durch einen hohen Grad an psychologischer Bana-lität erkauft worden sind.

Brechen wir diese Bestimmungen auf den uns interessierenden Begriff des *Raumes* herunter, so sagten wir mit Heidegger, dass der Mensch nicht im Raum *ist*, sondern einen Raum *hat*. Der empirische Raum ist dem Menschen arbiträr, also beliebig. Realiter ist das eine hochgradig dumme Aussage, denn selbstverständlich ist es ein empi-risch großer Unterschied, wo er sich befindet. Klimaten, Zonen, Berge oder Meer, fruchtbare oder unfruchtbare Landschaften, „stimmige" oder „unstimmige" Räume sind natürlich bedeutend, zum einen ma-teriell, zum anderen auch psychisch eminent. Der eine (Wittgenstein) hasst es, in goldenen Großbürgervillen zu leben, verschenkt sein Milli-ardenvermögen, um in kleinen Kuhkäffern am Semmering als Volks-schullehrer zu arbeiten, der andere (Heidegger) lehnt einen Ruf aus Berlin ab und lebt vorzugsweise in einer Bretterhütte im Schwarzwald.

Festzuhalten gilt, dass der Raum zum einen *materiell*, zum ande-ren *psychologisch* wichtig ist. Dennoch ist er *philosophisch* irrelevant. Denn der Raum kann nur eine materielle Faktizität behaupten (man ist da oder dort) sowie eine psychische Einfärbung (man ist durch den Raum gestimmt oder ungestimmt) bedingen. Diese niederen Modi kann die Zeit aber ebenso für sich in Anspruch nehmen (man lebt in dieser oder jener Zeit) und ist durch die Stunden, Tage und Zeiten so und so gestimmt. Auf *dieser* Ebene sehen wir keine nennenswerten Unterschiede. Wir wollen diese beiden Verhältnisse als einfache Raum- und Zeitverhältnisse bezeichnen, nämlich als R 1 und Z 1. Die Zeit hingegen bietet uns *wesentlich mehr*. Sie wird erweisen, dass sie den Menschen und sein konkretes Handeln *komplett* bestimmt, nämlich den Menschen als *primär* zeitliches Wesen erhellen, sowie – und dies darf man als die Pointe unserer Überlegungen bezeichnen – ihrerseits den Raum (mit seinen ganzen materiellen und psychologischen Bestimmungen) aus sich hervorgehen lässt. Wir sagen also nicht nur: Der Raum ist dem Menschen *arbiträr*, wir sagen zugleich auch: Die Zeit ist dem Menschen *zentral*. Für ein empirisches Zentrum, in dem der Mensch je aktuell steht (hier und da – räumlich – und dann und wann – zeitlich) verwenden wir den Begriff *Z 1*, für das andere Zentrum, das offensichtlich nicht empirisch zu verstehen ist und daher noch reichlich vage erscheinen muss, verwenden wir hingegen den Begriff *Z 2*.

Heidis Welt.

Wenn wir nun in den für uns so zentralen Begriff der Zeit eintreten, kommen wir auch hier nicht um einige Banalitäten herum. Zunächst, und erstens, ist die Vergangenheit zwar ein abgelebter Modus, aber insofern prägender Modus, als er den Augenblick und die (gemutmaßte) Zukunft wesentlich bestimmt. Die Vergangenheit tönt und färbt das Gegenwärtige ein. Wir könnten diesen einfachen Gedanken in verschiedene Wendungen fassen und zitieren die vielleicht schönste von ihnen: „Das Vergangene ist nicht tot; es ist nicht einmal vergangen" (Christa Wolf, Kindheitsmuster). Deshalb könnte man noch prägnanter hinzufügen: Die Vergangenheit *folgt nicht* nach, sie ist als Muster der Gegenwart nicht nur *präsent*, sondern geht dem Menschen *immer schon vorweg* (Heidegger). Mit anderen Worten: Sie tönt und färbt auch das Zukünftige ein. Doch das sind immer noch psychologische Bestimmungen. In diesem Fall: der bestimmte – individuelle – historische Blick. Nicht wesentlich werthaltiger ist der allgemeine historische Blick, wonach abgelebte Modi der Welterfassung (Werturteile, Grundhaltungen, Wissensformationen) die gegenwärtige Wirklichkeit sowie die (gemutmaßte) Zukunft zäh umfassen. Wer älter wird (und das auch noch vollumfänglich mitbekommt), wird mühelos feststellen, wie er aus der (realen) Welt gleichsam fällt. Hier ist dann nahezu *alles* falsch, was wiederum der Selbsterkenntnis nicht unbedingt förderlich sein muss. Aber wie gesagt: Das sind Selbstverständlichkeiten.

Wesentlich aber, und zweitens, ist *jede* menschliche Handlung *temporär* und hier wiederum: *futural* bestimmt. Das gilt auch ausdrücklich für alle atemporalen Handlungen, die sich ja explizit und negativ vom Temporären absetzen sollen. Wer also, um ein Beispiel zu geben, im See herumdümpelt oder dem Vollrausch frönt, wird dies ausdrücklich im Widerspruch gegen das Getriebe des Zeitlichen unternehmen. Jedem Faulenzen und jedem Drogenkonsum liegt der Wunsch nach *Zeitlosigkeit* – und keineswegs: *Ewigkeit*, wie etwa Nietzsche im *Zarathustra* meinte – zugrunde, was ihnen eine gewisse Beliebtheit sichert. Wir sagen also: Sämtliches Handeln und nahezu jegliches Denken (denn Denken ist ja nichts anderes als Probehandeln mit geringem energetischem Aufwand) ist zeitlich und **futural** bestimmt. Heidegger spricht hier von *Sorge*, einer universellen menschlichen Struktur, die sich in allen Bereichen als Besorgen, Fürsorge und Vorsorge eindeutig ausspricht. Diese *Sorgestruktur* ist ein genuin *zeitlicher,* kein räumlicher Bezug.

Raumverhältnisse sind bereits hier völlig bedeutungslos, und wenn sie in bestimmten Fällen nicht bedeutungslos sein sollten, dann sind sie zumindest völlig arbiträr.

Wenn man nun in der eingangs unternommenen Richtung weitergeht, geraten wir an ein Phänomen, das so banal ist, dass wir es uns kaum getrauen, es auch deutlich auszusprechen: *Der Mensch wird älter.* Älterwerden definieren wir als einen chemisch-biologischen (Wechselstoff-)Prozess, der in den meisten Fällen die Dinge nicht unbedingt verschönert oder gar vergnüglicher macht. Wir bezeichnen ihn als kausale (namentlich: biochemische) Veränderung der Dinge im Raum (in *dem* Fall: Leibraum), also wiederum kurz gesagt: als Zeitphänomen. Nicht nur, dass wir (intentional) zeitlich bestimmt sind (in unserem Denken und Handeln), wir ruhen auch in unserem Denken und Handeln gleichsam auf einer basalen biologischen *Zeitbombe.* Wir konsumieren also nicht nur Zeit, sondern werden im Konsumieren unsererseits von der Zeit konsumiert. Und das fast immer völlig humorlos. Um es einmal völlig unakademisch auszudrücken: Im Ficken gefickt werden, das ist ein Kunststück, das nicht viele Modi der Wirklichkeit so sauber, sprich: rückstandslos, ja unvermerkt hinbekommen. Denn Zeit heißt hier: Die Lunte brennt. Wir sind also gleichsam von innen (Gedanken), von außen (Handlungen) wie auch von unten (Leib) hochgradig und zumeist eindeutig unangenehmen Zeitstrukturen ausgesetzt. Man könnte sich nun gehen lassen und mit einiger Berechtigung erklären, das Leben sei ohnehin nichts anderes als *die Krankheit zum Tode* (Kierkegaard). Wir wollen aber die mittlere Ebene halten und sagen mit Paulus: Die Zeit ist (immer) knapp.

Funktional heißt dies, dass, wie ersichtlich, ein Systembegriff nicht zulässig ist. Wir beschreiben also den Menschen auch gar nicht als sich selbst einsichtiges System. *Es* muss in der Tat jucken und schmerzen, bevor es auf einer anderen Ebene, nämlich im *Bewusstsein,* wiederum zu Operationen reizt, also psychisch *repräsentiert* wird. *Diese Repräsentationen sind Konstruktionen,* die natürlich den Gesetzen der Reduktion von Komplexität gehorchen. Der ganze Leib ist eine *Black Box,* deren Schwärze gerade bei schweren Krankheiten *sehr humorlos* sichtbar wird. Natürlich ist der Mensch kein kleiner König, er mag es denken, und wenn er es denkt, dann eigentlich auch nur zur eigenen Erheiterung – sozusagen als König und Hofnarr in *einer* Person – sowie aus Gründen der Vereinfachung, denn völlig blöd ist er nun auch nicht, der Mensch. Wir könnten also in der Tat die Begriffe subjektiv und objektiv durch die Begriffe selbst- und fremdreferentiell ersetzen, alles kein Problem, machen wir gerne mit. Nur, dass wir nun gleich „den Subjektbegriff aufgeben sollten" (Luhmann), würden wir nicht so gerne mitmachen wollen, denn der Mensch steht vielleicht *immer schon jenseits von Subjekt und Objekt,* das Begriffspaar geht ihn möglicherweise überhaupt nichts an, was dann später allerdings absolut zwingend näher zu erläutern wäre.

Um nach diesem kleinen Schwenk wieder von der Sorge*struktur zu* sprechen, meinen wir hiermit zunächst vorderhand empirische Dinge (das Besorgen von irgendetwas) und weiter gefasst psychische oder mentale Phänomene (etwa im Sinne von: Vorsorge treffen), aber selbstredend sind diese vorderhändigen Dinge nur Beispiele für diese *Struktur* selbst, die ihrerseits weder empirisch noch mental noch mentalitätsgeschichtlich ist. Sorge im Sinne Heideggers meint hier eine ontologische Struktur, die die realen oder psychischen (Heidegger: ontischen) Dinge *umfasst*. Beides sind eindeutig rein *zeitliche* Strukturen, ersteres als Z 1-Phänomene, letzteres als eine **Z 2-Struktur**. Wie sieht nun diese Z 2-Struktur aus, in der sich die Z 1-Phänome ausdrücken?

Eindeutig und leider unbezweifelbar gewalttätig. **Nur eine breite Phraseologie verdeckt diese eindeutig faschistische Grundstruktur des Lebens selbst.** Der Mensch wird früher oder später immer *komplett scheitern*. Die Zeitstruktur ist eine Sorgestruktur, und das heißt, dass die zeitlichen und sorgenden Unternehmungen *in ihr* stets nur aufhaltenden Charakter haben, das permanente *Katechon* (Paulus) also ein reines Aufhalten ist, ein Sistieren der ohnehin eintretenden Katastrophe. Wir können nun (mit Herder) sagen: Von Tag zu Tag mühen wir uns ab ins Grab, wir können ziemlich relaxt feststellen, dass das Leben ohnehin ein no-winning-game sei, wichtig bleibt allein, dass diese existentiale Z 2-Struktur das gesamte menschliche Dasein betrifft, und das mit einer hohen Gewaltsamkeit. Man kann das nur durch und durch bedauern und als eine *Riesensauerei* des Realen bezeichnen, aber feststellen muss man es, leider, eben auch.

Daraus folgen zwei Bestimmungen. Die erste führt zu der paradoxen Tatsache, dass gerade das tägliche Besorgtsein um die kleinen Dinge die große Sorge, sprich: die Sinnhaftigkeit des Gesamtunternehmens, abdämmt und perspektivisch verschattet (worauf vor allem Schopenhauer und Nietzsche nicht müde werden hinzuweisen). Die zweite

Bestimmung ist sozusagen die faschistische Ader in Heideggers *Sein und Zeit*: Wenn man ohnehin schon so gut wie tot ist, dann kann man in einer Art *vorlaufender Entschlossenheit* (genau dieses Todes) sein Leben ungemein dezisionistisch schärfen, seinerseits einmal sehr deutlich werden, *sans phrase* leben, „heroisieren", ja geradewegs: *wagen* (und zum Beispiel in die NSDAP eintreten). Jede Form des Faschismus würde und wird ihre Begründung in der faschistischen Grundstruktur des Lebens selbst finden können und findet sie im *Fundamentalismus* auch. Unlogisch ist das erst einmal nicht, und so liegt das Problem auf der Hand.

Bevor wir nun über das Licht sprechen, möchten wir *unsere* Position noch einmal klar ausdrücken. Wir sind *nicht* (und zwar entschieden) der Meinung, dass Raum und Zeit unterschiedliche Formen ein- und desselben „Unbegreiflichen" sind, sei es des *Dinges an sich* (Kant), sei es des *Willens* (Schopenhauer). Es mögen bestenfalls unterschiedliche *Aggregatzustände* sein, aber selbst das erscheint uns unwahrscheinlich. Wir sehen hier klare Herr-und Knecht-Verhältnisse. Erstens ist die Zeit – so Hegel – die *Position und Negation* der Dinge (man kann auch sagen: der Tatsachen und Sachverhalte). *Der Raum ist dialektisch völlig indifferent.* Damit ist die Zeit zugleich auch der Modus der Erscheinung. Das soll heißen: In der Zeit wird die Erscheinung *als Erscheinung* sichtbar (nämlich zunächst in ihrem – oft unvermerkten – Aufscheinen und später dann in ihrem – allerdings hochgradig vermerkten – Verschwinden.

Was man, phänomenologisch *überaus klar* an einer gescheiterten Liebesbeziehung, aber auch am Tod eines geliebten Menschen feststellen kann. Allgemein gesprochen: Das **Fehlen** eines Dinges markiert erst den Raum (Heidegger). Vielleicht hat Ernst Jünger recht, wenn er sagt: Jedes Leben beginnt mit einer neuen Religion, und jeder echte Umbruch im Leben mit einem neuen Gebet. Wobei man technisch gerne und genauso gut von einem Paradigmenwechsel sprechen kann, was diesen sehr schönen Gedanken auch Agnostikern, also den gewiefteren Atheisten, verständlicher machen dürfte.

Zweitens bildet die Zeit ihrerseits einen individuell jeweils *bestimmten* Raum, nämlich als **Lebenszeit**. Diese Lebenszeit ist die existentiell *wesentlich* dichtere Form als die **Weltzeit**, sprich: die Geschichte und die stets ausstehende Zukunft, die individuell bis an die Grenze der Beliebigkeit, zumindest als reines Geschehen und zeitliches Fading erfahren wird. Wir erinnern hier gerne an Ernst Jüngers Betrachtungen zur Historizität des Lebens, das in etwa mit dem deutschen Erbbaurecht in eins fällt. So wie ein Grundstück nach 99 Jahren völlig belastungsfrei wird, ist in der Regel *jedes Leben* **komplett vergessen** und genau so viel wert, als hätte man es gar nicht gelebt. Diesen strukturell nicht gewinnenden, also aussichtslosen Kampf zu merken, definiert das Alter: Man lebt jetzt nicht mehr für die Zukunft, sondern dafür, eine Vergangenheit zu haben, beziehungsweise *gehabt zu* haben, um ein Nietzsche-Zitat frei zu verwenden. Richtig unschön, aber zumeist die blanke Wahrheit. Drittens: die Gegenwart als Augenblick ist *notwendig und stabil*, der Raum zufällig, arbiträr und variant. Viertens, und letztens: Durch den Raum kann man reisen, durch die Zeit (zunächst einmal) nicht. Wenn nun jemand kommt und sagt: Selbst durch den Raum ist eine Reise schwierig, denn die Gegend, die ich vor Jahren verlassen habe, sieht heute anders aus, muss man sagen: Das stimmt, aber nur weil die Zeit ihrerseits durch dieselbe Gegend gereist ist.

Wir kommen nun in die etwas schwierige Situation, in der sich Götz George als Stern-Reporter Gerd Heidemann im Film *Schtonk* befindet. Nachdem die von ihm „entdeckten" Hitler-Tagebücher nicht nur groben Unfug enthalten („August 1936. Habe die Olympischen Spiele eröffnet. Hoffe, noch für Eva Braun einige Eintrittskarten zu bekommen"), sondern nach eingehenden Untersuchungen des Papiers eindeutig als *Nachkriegsmaterial*, sprich: als Fälschung entlarvt worden sind, kommt er zu einem verwegenen, nicht ganz fehlerfreien, allerdings genialen Rückschluss: „Das heißt ja nichts anderes als: Der Führer lebt!". Das ist gewagt, aber auch nicht frei von Entschlossenheit, wie schon sein nächster Schluss zeigt: „Der Führer lebt, und ich werde ihn auch hierher holen!". Und so sticht Götz George in See und sucht „den Führer".

Ziemlich irre.

III. Das Licht

Die Hinterlist der Dinge.

Wenn die Aussagen der Philosophie sinnvoll (und nicht selbstreferentiell) sein sollen, müssen sie selbstverständlich eine aufschließende Funktion haben. Das heißt: Sie müssen sich, so abstrakt sie auch immer sein mögen, wenn nicht empirisch, so zumindest aber theoretisch aufweisen lassen. Wir meinen damit nicht, dass sie mehr oder weniger „nachvollziehbar" oder „einleuchtend", also psychologisch verständlich erscheinen, sondern ganz krude und schlicht wahr oder falsch sind, und wenn sie nicht unmittelbar Sachverhalte beschreiben, die umstandslos als wahr oder falsch zu bezeichnen wären, dann verlangen wir zumindest, dass sie sich *strukturell,* also theoretisch, verifizieren lassen, und zu diesem Zweck betrachten wir jetzt das, **was wir im Betrachten nie betrachten**, das Unvermerkte allen Vermerkens, eine Art **banales Apriori des Sehens** und begeben uns somit in ein Feld, von dem wir wenig genug verstehen, in das des Lichts. Um es richtig drastisch, ja so blöde wie möglich auszudrücken: Wer eine Kuh auf der Weide sieht, der sieht nicht nur die Kuh, sondern gleichsam auch das Licht, in dem die Kuh, die Weide und der Betrachter selbst stehen, ein Licht, das man in der Betrachtung der Kuh natürlich nicht noch eigens mit sieht. Was selbstverständlich ist. Aber *genau hier* liegt das Problem.

Um nicht gleich zu Anfang bereits auf die grundschiefe Bahn der Physik zu gelangen, sollten wir mit etwas ziemlich Harmlosem beginnen, dem *Phänomen.* Zum Wesen des Phänomens gehört ganz augenscheinlich, dass *es sich zeigt.*

Gleich, ob es ein Ding ist, ein Sachverhalt, ein Erlebnis, immer muss es sinnlich wahrnehmbar sein und dafür muss es sich – banalerweise – *zeigen.* Dieses *Sich-Zeigen* hat aber eine ziemlich fiese Struktur, wie wir sehen werden, *kein Zeigen ohne Verbergen,* so dass man mit gutem Recht von einer gewissen *Hinterlist* der Dinge sprechen könnte.

Wenn wir nun auf den Begriff des Phänomens zu sprechen kommen, der in erster Betrachtung die Begriffe des Scheins, des Anscheins, der indirekten und direkten Erscheinung, der Perspektive und des Hintergrunds munter beisammen lässt, so geschieht es, um die vielfachen Aspekte der Phänomenalität selbst in den Blick zu bekommen. Beginnen wir also, aufzuräumen. Die deutsche Sprache unterscheidet klugerweise zwischen Schein und Erscheinung. Schein nennt man die falsche Sicht auf Dinge und Sachverhalte. Diese falsche Sicht mag in der persönlichen Dummheit, in der Gehirnfunktion der Wahrnehmung, der gesellschaftlichen Auslegung von Wirklichkeit (Ideologie) oder in einer objektiven – aber unbegriffenen – Anschauung der Welt (wonach sich etwa die Sonne um die Erde dreht) begründet sein. Wir wollen diese Formen des bloßen Scheins als die gleichsam untere Stufe des Phänomens betrachten, allerdings hinzufügen, dass auch sie der Perspektive und somit eines Hintergrundes bedarf. Sonst könnte man sich noch nicht einmal täuschen (was banaler klingt, als es ist).

Eine Art Mittelding zwischen dem Schein und der Erscheinung wird im Deutschen als Anschein bezeichnet. Der Begriff des Anscheins markiert eine Unsicherheit, nämlich die, ob es sich bei dem, was sich zeigt, um einen *Trug* oder ein *Indiz* handelt. Der Begriff des Indizes (lat.: *indicare,* anzeigen) ist ziemlich wichtig, denn auch die Erscheinung ist, selbst in ihrer vollen Blüte, in ihrer augenfälligsten Wirklichkeit nichts anderes als höherer Schein, und dies aus Gründen, die für jeden Lebenden hochgradig ärgerlich bleiben müssen, namentlich *temporaler* Art. Somit hat die Erscheinung zwei Wirklichkeitsgrade: Der untere Grad ist das klassische Indiz, das indirekte Zeigen, kurz, das *Zeichen* für etwas, das sich selbst *nicht* zeigt, aber über die Erscheinung mit der Sache in einem Zusammenhang steht und somit der Deutung zugänglich ist (wir nehmen aus einem phänomenologischen Lehrbuch ein Beispiel: Die roten Wangen sind ein Indiz für Fieber, das wiederum eine Krankheit anzeigt). Der hohe Wirklichkeitsbegriff ist die Sache selbst in ihrer vollen Schönheit. Wenn also Helmut Kohl nach längerem Warten die Bundespressekonferenz betritt, kann man also vollgültig sagen: Endlich erscheint er. Auf *dieser* Ebene hat die Erscheinung, die bislang fragwürdig oder vage oder indirekt aufgetreten ist, den hohen Status des ens realissimum erreicht, so dass man sagen muss: Dieses *„erscheint"* ist hier gleichbedeutend mit *„ist"*.

Mehr Wirklichkeit ist nie, denn nach einer Stunde hat Helmut Kohl die Bundespressekonferenz verlassen, und das, was reine *Präsenz* war, ist nun *Absenz*, aus dem *Da* ist ein *Fort* geworden, wodurch das *Ist* seinen Rechtstitel verliert und in ein müdes *War* zurückfällt – mit allen Stufungen der Scheinbarkeit im weiteren Gefolge. Nun wird man sagen können, dass hier auf das Rabulistischste der Begriff des Realen durchdekliniert und in Abrede gestellt, also gleichsam abgeholzt, geschreddert und vermulcht wird. Wir halten einen solchen Einwand für absolut gültig, meinen jedoch, dass wir der falsche Adressat sind und müssen die Nutzungsklage somit an die Wirklichkeit selbst zurückreichen. Denn letztlich sind nicht wir es, sondern die Wirklichkeit selbst, die die Dinge in die Erscheinung setzt und aus ihr abzieht, so dass man – aufs Große, nämlich aufs menschliche Leben gesehen – traurig und zugleich ziemlich ratlos mit Hölderlin sagen kann: „Ein Zeichen sind wir, deutungslos".

Aber genau das sind offensichtlich die Geschäftsbedingungen, bessere gibt es nicht.

Kant operiert mit genau *diesem Realitätsbegriff* (als „Gegenstände der empirischen Anschauung"): Die Dinge und Sachverhalte stehen *als Erscheinung* gültig vor unseren Augen und verdecken *als Erscheinung* ihr, wie soll man sagen – Was und Woher, ihr Wesen (Ding an sich bei Kant, bei Schopenhauer: Wille). Wir bewegen uns also nach wie vor im Rahmen schlichtester Selbstverständlichkeit, wenn wir sagen, dass a) die hohe Realität ihrerseits den Modus der Erscheinung besitzt, dass b) der *ästhetische Schein* (eines Kunstwerkes) in seiner Scheinhaftigkeit den Schein sämtlicher Dinge, Verhältnisse und Sachverhalte aufweist, und werden keinen Gran origineller, wenn wir c) als Agens sämtlicher Scheinproduktionen unseren alten Bekannten, nämlich die Zeit, meinen direkt ansprechen zu müssen.

Jetzt aber werden die Verrechnungsoptionen *sehr* dünn, und deshalb erscheint die gesamte Operation nun rabulistisch. Während wir nämlich beim einfachen Schein, dem Anschein, der Erscheinung als Zeichen und Ausdruck von etwas anderem, sehr bequem **Grund im Sinne von Folge** ausmachen können, ist dies im hohen Schein, nämlich der Erscheinung als vollgültiger Wirklichkeit selbst, fragwürdig bis hin zu quasitheologischer Kasuistik. Dennoch glauben wir, ein wesentliches Strukturmerkmal des Phänomens angegeben zu haben, denn das Erscheinen *ist immer ein Zeigen, das im Zeigen seinen Grund zugleich verbirgt.* Wir können eigentlich nur das Da und Fort notieren und – allerdings sehr genaue – Gesetze angeben, nach denen das Da und Fort organisiert ist, aber was übrigbleibt – so denken wir – ist bestenfalls ein Substrat (Ding an sich), ein sehr umstrittenes Substrat, ein vermutetes Substrat, ein sehr rückschlüssiges Substrat, das uns in der Wissenschaft teilweise zugänglich wird. Aber genau dieser (völlig sinnlose) Substratbegriff verdeckt objektivistisch die gesamte Pointe, nämlich die der **Welt.**

Man muss schon einen ziemlich formalistischen, wir können auch sagen: sehr speziellen Objektbegriff zur Anwendung bringen, um zu behaupten, dass für den Menschen Gegenstände in der Wirklichkeit herumstehen, deren bloßes Bestehen nun den des Näheren und Breiteren und vor allem: Tieferen zur Überprüfung gelangen, um so ihren vermeintlichen Kern ausfindig zu machen. Das kann im Grenzfall (der Wissenschaft) durchaus so sein, und wir wollen dies auch ausdrücklich loben, gemeinhin und lebenspraktisch gesehen steht der Mensch aber keinen Gegenständen gegenüber, *sondern er lebt, und wenn er lebt, dann lebt er in einer Welt.* Ja, mehr noch: Er selbst ist *auf dieser Ebene* (sich selbst) ein Objekt, das in der Welt herumsteht. Aber was ist die Welt? Gute Frage. Das scheint uns in der Tat die Pointe zu sein: Die Welt wird objektivistisch wie selbstverständlich übersprungen. Neudeutsch gesagt: Das **Framing** wird nicht bedacht, psychologisch ein Figur-Grund-Problem, bei dem man – durchaus denkfaul – auf die naheliegende naturalistische Ebene „rutscht", naheliegend und denkfaul deshalb, weil es einer gewissen „unnatürlichen" Anstrengung bedarf, die **Präsenz** eigens zu denken, also eine Art philosophischer *Duning-Kruger-Effekt*, denn sehr dumme Leute können bekanntlich nicht wissen, *dass sie dumm sind*, denn sonst wären sie es ja nicht.

Und so können wir wiederum zwanglos Heidegger zustimmen, wenn er in „Sein und Zeit" schreibt: „Kant sah das Phänomen der Welt nicht". Und genau *das* ist, so denken wir, der Gag. Um es *sehr klar* zu sagen: Die etwas quälende Faustdarbietung über Wesen und Erscheinung **verdeckt komplett** die Bühne, auf der sie gespielt wird, und es wäre sicherlich hilfreich zu sehen, was es mit dem Theater selbst auf sich hat, denn immerhin könnten dessen Bretter ihrerseits wurmstichig sein und dann würden dieselben Probleme in die Betrachtung rücken, deren Gegenstand das Stück ausmacht. *Wir möchten hier schon so klar wie möglich unsere Vermutung ausdrücken, dass es sich bei **allen** Phänomenen der Welt um ein **Zustandsgleiten** (in dem Fall: zwischen Masse und Energie) handelt, **aber letztlich auch bei der Welt und ihrer „Weltlichkeit" selber,** was zugleich auch das Phänomenale des Phänomens erklären würde.*

Das Offene.

Wir kommen diesem Problem hoffentlich näher, wenn wir den Begriff der Erscheinung gleichsam umdrehen. Nun steht nicht mehr das gut sichtbare Objekt im Zentrum der Betrachtungen, sondern der Raum selber, in dem das Objekt gut sichtbar *erscheint*. Damit dieser einfache Vorgang überhaupt stattfinden kann, muss der Raum selbst offen, ja gelichtet sein. Sichtbarkeit setzt eine Offenheit natürlich voraus, und zwar gelichtet im abgeleiteten Sinn, dass er zumindest theoretisch erkennbar ist (molekulare Prozesse etwa liegen ja bekanntlich nicht vor Augen), belichtet im alltagspraktischen Sinn, dass er beleuchtet, noch deutlicher gesagt: in aller Regel besonnt ist. Gelichtet letztlich im metaphysischen Sinn, derart, dass er uns etwas angeht, unser Interesse weckt, und im weitesten Sinne – vielleicht kann man sagen – erotisch anzieht. Wir behaupten also, dass der gelichtete Raum nichts anderes als die Offenheit selbst ist. Das Licht ist also empirisch (in seiner gesamten Wellenlänge) die Bedingung der Möglichkeit jeglicher Erkenntnis und metaphysisch die Bedingung der Möglichkeit jeglichen Erkennen-Könnens, ja: Erkennen-Wollens. Luther etwa sagt recht rüde: Wenn Gott sich in Dunkelheit zu verhüllen beliebt, dann geht er uns auch nichts an. So ist es. Dinge und Sachverhalte treten dann und nur dann in die Erscheinung, wenn sie im Licht, altfränkisch: in der *Lichtung*, wenn sie im (meistenteils) sichtbaren Raum stehen, ja es fehlt wenig, um die Behauptung so weit zuzuspitzen, dass wir sagen*: Der Raum selbst ist dann und nur dann ein Raum, wenn er im Licht steht.*

Wir dürfen an dem recht harmlosen Begriff der Erscheinung jetzt zwei wichtige Bestimmungen vornehmen. Erstens die, dass das Ding, die Sache, das Erleben wesentlich temporär bestimmt ist, nämlich als Auf- und Abtreten, als Da und Fort, und zweitens, dass der Raum dieses Auf- und Abtretens wesentlich ein Lichtraum ist, mehr Licht als Raum. Wem dies als schwere Beleidigung der Materie erscheint, da er sich ja massemäßig auf der Masse Erde bewegt, der sei jetzt schon auf zwei wichtige empirische Tatsachen verwiesen. Erstens gibt es nur innerhalb des Lichts (also des Lichtraums) überhaupt Informationen und zweitens, die Masse selbst (also die Erde, die Sterne, Planeten und Galaxien) ist überhaupt nichts anderes als in der Tat etwas schwer gewordene Photonen (mit anderen Worten: Lichtteilchen), so dass man mit nicht nur einigem, sondern mit vollem Recht sagen kann, also sagen *muss*: Die erfahrbare Welt *ist* Licht, wird von Licht gehalten und ohne Licht gäbe es weder Existenz noch Kenntnis noch Unkenntnis, ja noch nicht einmal das Bedürfnis danach. Und das Schönste daran ist: Es lässt sich sogar beweisen.

Genesis.

Genesis 1, also die Schöpfungsgeschichte des jüdischen Tanach und (sagen wir freundlich: übernommenen) Alten Testaments der christlichen Bibel, hat gleich zu Beginn zwei spektakuläre theoretische Pointen. Erstens schafft Gott die Welt aus dem *Wort* und zweitens – physikalisch gesehen – aus dem *Licht*. „Und Gott sprach: es werde Licht!" Gott ist also ein hochkompetenter Sprechaktler (im Sinne von Habermas), dessen Wort Wirklichkeit wird. Insofern ist dem Geist ein hoher Begriff beigegeben: Er wackelt nicht der Wirklichkeit schönseelisch räsonierend und phantasmagorisch hinterher, sondern *erzeugt* Wirklichkeit, woraus sich spätestens im Deutschen Idealismus die Philosophie des Geistes (etwa bei Hegel) nahezu wie von selbst ergibt. Schon mit den ersten Sätzen der Bibel ist die Frontstellung gegen den Polytheismus, die Theogonie und das kasuistische und waschweiberartige Gerede babylonischer oder griechischer Mythen (die berühmten Götter Homers) mit ihren bauernschwankartigen Verwicklungen klar benannt. Formal gesehen ist der Monotheismus das eindeutig höhere theologische Modell und als geistfundiertes Modell theoretisch nahezu unschlagbar, sprich: falsifizierbar.

Der zweite – physikalische – Aspekt beinhaltet ebenfalls eine Theorie der Unüberbietbarkeit. Denn mit dem masselosen Licht wird ein „Medium" benannt, das aus dem masselosen Geist (denn – Preisfrage – was wiegt ein Gedanke?) im masselosen Wort (was wiegt ein Wort?) geradezu zwanglos hervorgeht, und das durchaus in einer kritischen Menge, denn: Null mal Null ist *zunächst einmal* Null. Gott jedenfalls schuf *zunächst* das Licht und *dann* trennte er es von der Dunkelheit.

Mehr passierte nicht, jedenfalls nicht am ersten Tag (Gen. 1, 1-5). Wir haben, wie wir sehen werden, schon schlechtere Erklärungen über die Entstehung der Welt gehört.

Nach den derzeitigen kosmologischen Theorien fand der Urknall (eine im Übrigen durch Gravitationswellen und die heute ebenso noch vorhandene Hintergrundstrahlung *extrem* gut *bewiesene* Tatsache) *nicht im* Universum statt, sondern *schuf erst* das Universum, und zwar *aus einem Punkt* heraus. Eine Singularität. Nicht sonderlich groß war diese *Planck-Welt* (10^{-33} Zentimeter), nicht gerade schwer (10^{-8} Gramm), allerdings ziemlich heiß, (nämlich aufs Grad genau 10^{-32} Kelvin), was man sich schon als *mordsheiß* vorstellen sollte. Das war also die nette, kleine Planck-Welt, in der alle vier uns bekannten kosmologischen Grundkräfte (Elektromagnetismus, Schwerkraft und die beiden Kernkräfte) noch muckelig beieinander wohnten. Wir haben nichts dagegen. Interessant aber ist: *Am Anfang war es enorm hell, es gab nahezu nur Licht* (allerdings in Form von Gammastrahlen), so dass man eigentlich gar nicht hätte behaupten können, dass es Licht gab, denn es gab ja – wie gesagt – *nur* Licht, was natürlich seine Bestimmung, nämlich des Lichts als Licht recht schwierig, man möchte sagen: fast unmöglich erscheinen lässt, eine denkerisch überaus interessante Figur, die uns gegen die Zahl Eins ziemlich voreingenommen macht und uns die schöne Zahl Zwei eindeutig präferieren lässt, denn jede Entwicklung ist ohne die Zwei und ihre Dialektik völlig undenkbar.

Das Licht nun breitet sich – fast möchte man sagen: gedankenschnell – aus, reine Energie, die sich in Materie (genauer gesagt: materielle Teilchen) verwandelt, was das Licht durchaus vermag, das zwar keine *Ruhemasse*, aber durchaus *Bindungsmasse* hat (*was ziemlich tricky ist!*), eine Verwandlung also, in der offenbar eine veritable Alexanderschlacht stattfindet. Kaum, dass sich etwas verbindet, wird es auch schon wieder von Strahlung zerschossen, ein Transformationsprozess von Energie und Masse und wieder zurück, ein Gestalten und Zerstören und Umgestalten, ein Verwandeln von Licht zu Materie und Materie zu Licht, ein kosmisches Yin und Yang, das eine schöne Ewigkeit sich hätte fortspielen können, wenn nicht die Expansion des Spiels diesem Spiel selbst ein Ende bereitet hätte (was man gemeinhin – etwa an der Börse – als Blasenbildung bezeichnet), denn durch die Ausdehnung sinken die Temperaturen, und unter einer kritischen Größe kann die Materie den zuvor offensichtlich recht gern genommenen Weg der Rückverwandlung in Energie leider nicht mehr so reibungslos antreten, und bildet, derb gesagt: Massen (genauer: Atomkerne und die ersten chemischen Elemente) aus.

Wir lassen nun einige (allerdings nicht unwesentliche) Aspekte wie den extrem leichten Symmetriebruch zwischen Materie und Antimaterie aus, überspringen auch jene komplett lichtlose Phase, wo sich das Universum in einer Art gigantischem Erbsenbrei verdickt hielt, und gelangen in gefälliger Abkürzung der Dinge zu jenem Punkt, an dem das Licht etwas lendenlahm wird und die Photonen zu energieschwach, um den positiv geladenen Atomkernen die negativ geladenen Elektronen zu entreißen. Sie, die Atomkerne, werden nun ihrerseits frech und holen Teilchen im großen Stile zu sich, und das dank der Gravitationskraft, die eigentlich erst jetzt ihre hohe Stunde hat und fortan das uns bekannte Universum, einigermaßen sauber, zwischen Materie und Energie trennt und mit seinen 100 Milliarden Sternen in 100 Milliarden Galaxien mobileartig organisiert hält.

Natürlich ist auch das nur eine Geschichte, allerdings eine ziemlich gut validierte Geschichte, denn sonst müssten uns ernste Zweifel an dem Milliardenaufwand kommen, mit dem das CERN in Genf seine Teilchenbeschleuniger tief unter der Erde verbaut hat. Wird schon stimmen. Wir erinnern allerdings abschließend noch einmal an die Genesis, wonach Gott die Welt im Licht erschuf, im reinen Licht, im Licht des Gedankens, des Wortes, der Energie, und der Kampf zwischen Licht und Dunkelheit (sofern man die Materie als dunkel bezeichnen möchte) den kompletten ersten Schöpfungstag offensichtlich völlig beanspruchte, und wiederholen das zuvor Gesagte: Wir haben schon weitaus schlechtere Geschichten gehört.

Bestandsaufnahme.

Das Licht, so könnten wir mit dem Apostel Paulus sagen, ist *das* Fluidum, „worin alles lebt und webt", das Universum und namentlich wir selbst. Kosmologisch sieht das so aus: Das Universum hat aus der, wie wir ja wissen, ziemlich kleinen Planck-Welt heraus eine hübsche Größe angenommen, es lässt sich in eitlen 13,8 Milliarden Lichtjahren bemessen und besitzt gleichsam an seinem Rand eine *Hintergrundstrahlung*, die sich ihrerseits experimentell gut befingern lässt und die – naheliegenderweise – im Abstand von 13,8 Milliarden Lichtjahren entfernt ist. Diese Hintergrundstrahlung ist mehr oder weniger kugelförmig, wir sehen also nur die Innenseite dieser gigantischen Hülle, gleichsam den Vorhang, hinter dem – biblisch gesprochen – Gott die Schöpfung vollzogen hat. Ein schönes Bild, wie wir finden, das allerdings deutliche Kratzer bekommen wird, denn das riesige Ei, von dem wir nur die Innenseite sehen, ist vor allem *ein expandierendes Ei*, und der Treibstoff dieser Expansion ist die *Dunkle Energie*, so dass, zumindest prima vista, auch der Antichrist nicht allzu weit sein kann.

Wir aber wollen, bevor es zum Showdown kommt, noch ein wenig vor uns hinfabulieren, indem wir ein Photon, das ja erzählerisch als unser Freund eingeführt worden ist, näher betrachten. Photonen entstehen in Massen, was nicht weiter überrascht, da ja Massen selbst nichts als etwas behäbig gewordene Photonen sind. Praktisch gesehen setzt die Verschmelzung von Atomkernen Strahlung frei, was sich geradezu augenfällig an der Sonne zeigt, die man sich, technisch gesehen, nicht anders als einen riesigen Fusionsreaktor vorstellen muss. Hier also entsteht unser Photon, rödelt (*als Teilchen*) nun durch die enorm dichte Sonnenmasse hindurch, wobei es schwächer und langwelliger wird und (für uns hocherfreulich) zu *sichtbarem Licht*. Nun ist es aber auch sauber abgefuckt, das Photon, und nimmt, an der Oberfläche angelangt, den schnellsten Weg, nämlich mit Lichtgeschwindigkeit seine Chance wahr, diesem nervigen dunklen Material umstandslos Adieu zu sagen, und fliegt frei wie ein Vogel (allerdings *jetzt als Welle*) durch das Universum, wo es leider bereits nach acht Lichtminuten wiederum hart auf Materie landet, in dem Fall auf der Erde, etwa auf einem Grashalm, dort nicht unwesentlich an der *Photosynthese* (man darf also sagen: an der Entstehung allen Lebens) mitwirkt, dabei zugleich aber auch den Heldentod stirbt, zerbirst und wie eine Welle am Strand sich wiederum in *Teilchen* auflöst, als eine Art galaktische Gischt.

Ein Photon ist – wie gesagt – nicht sonderlich schwer, und das ist noch geprahlt, es wiegt nämlich überhaupt nichts, es hat keine Ruhemasse und lässt sich deshalb auch nicht wiegen, gleichwohl kann es sich in Masse *verwandeln* (indem es seine Frequenz verändert) und verwandelt seinerseits wiederum die Masse. Diese starke Affinität zur Materie scheint offenbar ein altes Hobby des Lichts zu sein (wie erinnern uns an die Alexanderschlacht zu Beginn des Universums), es zerschießt die Dinge, wo immer es Dinge zerschießen kann („Yippie-Ya-Yeah, Motherfucker!"), wodurch sich zum einen der *photomechanische Effekt* erklären lässt (für den Einstein den Nobelpreis erhielt, und nicht für seine wesentlich bedeutendere Relativitätstheorie) und was zweitens der Solarbranche nicht völlig ungelegen kommt, denn ohne diese erwiesene Unart des Lichts wären die Solarzellen noch wirkungsloser, als sie ohnehin sind.

Der Gehörnte tritt auf.

Wir finden also die Energiewirtschaft des Universums ziemlich amüsant und kurzweilig und würden uns an ihr noch mehr erfreuen, wenn nicht in den letzten zwanzig Jahren der Antichrist aufgetaucht wäre. Die Rede ist von der dunklen Energie, die das Universum *expandieren* lässt. Das würde es von sich aus keineswegs in Erwägung gezogen haben, denn der anfängliche Boost *müsste* irgendwann in die Jahre gekommen und durch die Milliarden mal Milliarden Planeten gebremst worden sein, wenn nicht irgendetwas Unbestimmtes (deshalb: die *dunkle* Energie) dieser natürlichen Müdigkeit aufgeholfen hätte, ja mehr noch: wie eine starke Tasse Kaffee *erst richtig* wachgemacht hätte. Entdeckt, so glauben wir, wurde die dunkle Energie durch einen puren Zufall, denn manche Planeten schlagen einigermaßen irre Bahnen ein, Bahnen, zu denen sie nichts berechtigt. Wir wollen der dunklen Energie nicht undankbar sein, denn sie wirkt *antigrav,* und so dem starken Ruhebedürfnis alles Geschaffenen entgegen, das von sich aus *eindeutig* den Wunsch verspürte, es mit der Expansion gut sein zu lassen und die Materie mittels Gravitation in sich zusammenfallen zu lassen, also in einer Art *Big Crunch,* was ein wohlverdientes Ende gewesen wäre.

Genau das ist aber (erkennbar) nicht geschehen, das riesige Ei wird somit größer und größer, und diese Beschleunigung *selbst* nimmt weiterhin zu. Wir können daher die antichristliche Funktion der dunklen Energie keineswegs erkennen, ja wir sind ihr vielmehr dankbar, wenngleich unsere Dankbarkeit auch ihre Grenze hat, denn so verliebt in unsere Existenz sind wir nun wiederum auch nicht, dass wir nun *jeden Scheiß* anzuhimmeln bereit wären. Interessant, also *ontologisch* interessant, ist nun folgendes: Um die dunkle Energie auch nur *irgendwie* theoretisch zu erfassen, muss man von einer *Kraft ausgehen, die außerhalb des Universums liegt* (ein Ansatz, zu dem sich Physiker als *empirische* Wissenschaftler naheliegenderweise nur ungern bequemen), sie müssen gleichsam Metaphysiker werden, um ein physikalisch bedeutendes Phänomen (immerhin soll die dunkle Energie 70 Prozent der gesamten Energie des Universums ausmachen) zu erklären, ein Phänomen also, das sich innerhalb der empirischen Welt offensichtlich nie, never und jamais erklären lässt. Wir wollen nun nicht mit der quantenmechanischen Feldtheorie anrücken und sind eigentlich schon froh, wenn wir eine Glühbirne richtig einschrauben können, das heißt: Unser Verständnis dieser Dinge ist bei etwas mehr als Null, aber *interessant* scheint uns das Problem und seine mögliche Lösung schon zu sein. Denn eines ist klar, ganz gleich, ob dort eine Masse ist, die das Universum anzieht, oder ein quantenmechanisches Riesenvakuum mit einer extrem hohen Dichte (was wohl am wahrscheinlichsten ist) oder ganz einfach Gott, es ist jedenfalls *etwas da draußen*, das zieht, also irgendein Zustand, nennen wir ihn: *Z 2*. Von nichts anderem handelt ja unsere kleine Schrift. Und auch auf die Gefahr hin, sie weiter gleichsam zu verschachteln, zwingt uns die gedankliche Korrektheit zu einer weiteren Klammeroperation und damit zu sagen, dass die grundmenschliche Standardbuchhaltung von „Drinnen" und „Draußen" vermutlich auf einer energetischen Ebene nur behelfsweise zulässig ist.

Inertialsysteme.

Nehmen wir an, zwei Freunde sitzen in einem Gartenlokal zusammen, wobei der eine – aus welchen Gründen auch immer – aufstehen muss, der andere allerdings nicht. Wenn dieser nun wieder zurückkommt, ist er um einen *Bruchteil* jünger als der andere. Er *fühlt* also nicht jünger, sondern *ist* es in einem objektiven Sinne. Der Atomzerfall seines Körpers hat sich in einem Nanobereich verringert (was man mit sehr genauen Zählern, etwa aus Cäsium, auch problemlos messen könnte). Wir Menschen sind also untereinander Inertialsysteme. Ein auf dieser Ebene zu vernachlässigender Effekt. Allerdings ist das Prinzip interessant. Denn würde unser Freund ein Fahrrad, ein Auto, einen Jet, eine Rakete benutzen, wären die Differenzen wesentlich deutlicher, allerdings immer noch in Bereichen, die hart im Scholastischen liegen. Nun hat unserer Freund genug von diesen abwegigen Gedanken und benutzt eine Lichtrakete (die er allerdings zuvor irgendwie gebaut haben muss – viel Spaß!), fliegt ein paar Sekunden herum und landet wieder am Tisch des Gartenlokals: Er, der Reisende, sieht keineswegs anders aus als zuvor (der Atomzerfall stellt sich so unspektakulär dar, wie er sich nach einigen Sekunden immer darstellt), sein Gegenüber aber bietet ein Bild des Jammers (auch auf atomarer Ebene), sofern er überhaupt noch ein Bild bieten kann. Das heißt: Die *Zeitdilatation* (Einstein), die mit einer normalen Rakete immer noch lächerlich gering ist, nimmt mit der Geschwindigkeit *exponentiell* zu. Das heißt: Mit der forcierten Kausalität, technisch: der *Wirkungsausbreitungsgeschwindigkeit*, also kurz gesagt: mit der Geschwindigkeit selbst verkürzt sich sowohl der Raum (Längenkontraktion) als auch die Zeit (Zeitdilatation). Und zwar ziemlich drastisch: Sie gehen gegen Null (was, wie wir sehen werden, vor allem für unseren Intimfeind, den Raum, verheerende Konsequenzen hat). Wenn wir uns fragen, welcher der beiden Freunde nun die Wirklichkeit erlebt hat, müssen wir fairerweise sagen: beide, wodurch auch dieser so grundkernige Begriff der Realität eine bedeutende Einschränkung erlebt, denn die Wirklichkeit scheint wie der Raum eine sehr große Abhängigkeit von der – wir müssen das unschöne Wort noch einmal sagen: Wirkungsausbreitungsgeschwindigkeit zu haben. Wir getrauen uns hinzuzufügen: von der Kausalität, der Geschwindigkeit, nun sagen wir es ganz deutlich: *von der Zeit*, in der dieser Raum erfahren wird. Da wir mit praktischen Beispielen keineswegs geizen wollen, könnten wir uns auch gerne und durchaus lebensnäher eine Zugfahrt im ICE vorstellen. Hier kann man zwischen dem Raum im Zug, in dem man gefahrlos hin- und herlaufen kann, und dem Raum außerhalb des Zuges nicht einfach wechseln, es sei denn, man spränge, wodurch jederzeit, allerdings auch drastisch, um nicht zu sagen: final, zu erfahren wäre, wie die oben erwähnte Geschwindigkeit die empirischen Bedingungen grundsätzlich verändert, und zumeist nicht zum eigenen Vorteil.

Das sind schmerzhafte, aber absolut banale Folgen einer forcierten Wirkungsausbreitungsgeschwindigkeit, an deren Ende allerdings eine faustdicke Überraschung stehen dürfte. Und nun wird es, so wie eigentlich in jeder guten Beziehung, wirklich *dirty* und fies: Wenn wir mit Überlichtgeschwindigkeit (kurz: ÜLG) reisen, was natürlich empirisch nie, never, jamais wegen des Massewiderstands möglich ist, und was wir hier nur theoretisch und gleichsam zum Spaß annehmen wollen, dann – klingelingeling, hier kommt der Eiermann! – verschwindet das Universum **komplett**. Wir sehen nur noch sehr kurz einen gewaltigen Blitz, sozusagen den Urknall, das Licht der Welt, und dann verlassen wir unsere Wirklichkeit. Sagen die Astrophysiker. Irre. Es stimmt sogar. Wir haben die B-Probe gezogen. Es *muss* sogar stimmen.

Naheliegenderweise, wie man sehen wird.

Der Quantensprung.

Dass es mit dem Raum nicht weit her sein kann, er also eine *Oberflächenerscheinung* ist, zeigt ein Phänomen, das so sattsam bekannt ist, dass wir uns kurzfassen können. Bekanntermaßen rödeln Elektronen um den Atomkern herum und verlassen diesen ihnen lieben Orbit nur dann, wenn ihnen Energie zugeführt wird. Dann aber springen sie auf eine niedrigere Bahn und rödeln nun auf ihr weiter, wobei sie farblich unterschiedliches Licht emittieren, sonst könnte man den Vorgang überhaupt nicht beobachten.

Praktisch gesehen, *gibt es für sie den Raum,* der zwischen den Bahnen liegt, *überhaupt nicht,* sonst sähe man nur verschmiertes Licht. Sollen sie doch, denken wir, ist doch nicht unser Problem. Interessant wird dieses unscheinbare Phänomen allerdings im Großen. Nimmt man zwei *verschränkte* Elektronen, von denen das eine sich im Uhrzeigersinn dreht (und somit einen positiven Spin hat) und eines sich dagegen dreht (negativer Spin), und schießt das zweite (mit Laserstrahl) sonst wohin, dann wird, sofern man sich bequemt, den Spin des uns verbliebenen Elektrons ins Negative zu drehen, das andere Elektron, sei es, wo immer das Elektron sich aufzuhalten beliebt, seinerseits ins Positive drehen, und das *sofort, nämlich instantan.* Keine Cäsiumuhr – die immerhin 9,2 Milliarden mal pro Uhrensekunde pulsiert – wird auch nur eine Verzögerung im Nanobereich feststellen können. Ja, es geht sogar so weit, dass das Elektron auf Alpha Centauri sich zu teilen bemüßigt fühlt (und es natürlich auch macht), wenn wir unser Elektron, dem wir ja einiges zugemutet haben, unsererseits teilen (Zeilinger-Experiment). Selbstverständlich können beide Teilchen dabei nicht kommunizieren, also sich sozusagen verabreden, denn selbst das Licht bräuchte eine schöne Zeit, bis diese Information auf Alpha Centauri ankommt (das Beispiel Alpha Centauri ist übrigens nicht beliebig gewählt, wir bedanken uns bei Harald Lesch und seiner gleichnamigen Wissenschaftssendung, die uns diese Dinge prägnant vor Augen gestellt hat).

Wir wollen nun nicht die ungeheuren Möglichkeiten touristischer Art diskutieren, die dieses Phänomen nach sich ziehen mag („Beam me up, Scotty!"), wir möchten nur sagen, dass der Raum ein Oberflächenphänomen sein *muss*, allerdings letztlich die Zeit auch *selbst*, die in ihren hohen Momenten zu einem *nunc stans*, zu einem mystischen *Nu* zusammenschrumpft, wobei das Bild des Schrumpfens vermutlich falsch genug sein wird. Wir fühlen uns – offen gesagt – bei diesem Gedanken nicht sonderlich wohl, zumal der Esoterik jetzt eine breite Heerstraße eingeräumt wird. Uns stört besonders, dass der Mumpitz vergangener Jahrhunderte wie die Hellsichtigkeit und das Zweite Gesicht nun im quantentheoretischen Gewand auftritt und man dabei genauso geläufig Bohr wie Swedenborg zitiert, also gleichsam einem Niels Bohr die Bettdecke über den Kopf zieht und ihn als Swedenborg ausgibt – das ist alles *sehr* störend.

Und die Irritation nimmt keineswegs ab, wenn wir Kants Auseinandersetzung mit Swedenborg rekapitulieren. Denn Swedenborg, ein renommierter Wissenschaftler, war zugleich Theosoph und vor allem: *Visionär*, und konnte daher vor einer hohen Gesellschaft in Göteborg von einem Brand in Stockholm berichten, der *zeitgleich* geschah und dies – dummerweise – in all jenen Einzelheiten, die ein Stockholmer Reiter später vor genau dieser Gesellschaft *exakt* bestätigte. Gut, man könnte hier immerhin die in seherischen Kreisen nicht unbeliebten Begriffe von *Schau und Manifestation* ins Rennen schicken, was eine Art liftartiger Korrespondenz zwischen der mystischen Anschauung und der Erscheinung doch relativ dreist, oder besser: kackdreist, nämlich schlicht behauptend, für sich reklamiert, man kann es allerdings auch sein lassen. Gäbe es eine solche Korrespondenz zwischen der unsichtbaren Wirklichkeit (der vielbeschworenen Matrix) und der Welt der Dinge als deren Manifestation, dann hätte Swedenborg den Brand ja auch gleich löschen können. Oder ist diese Relation zwischen *impliziter Ordnung* (Ideen) und *expliziter Ordnung* (Welt) etwa eine magische Einbahnstraße, und wenn ja, weshalb?

Wir wollen uns nicht blöder stellen, als wir wirklich sind, und klar anerkennen, dass hier ein *bedeutendes Problem* verborgen liegt. André Breton hat einmal gesagt: „Ich hasse die Realität. Sie besteht aus Mittelmäßigkeit und langweiliger Einbildung." Richtig. Wobei wir nachdrücklich das Wort „Einbildung" hervorheben möchten, was besagt, dass wir sie, die Einbildung nämlich, gleichsam **halten**, das heißt: ins Lebenspraktische hinein verlängern. Wiederum richtig. Und fishy zugleich, denn das führt letztlich auch direkt in den Bereich einer begriffsirren Hausfrauenmystik, die allerdings weniger mit der gewünschten *awakeness* aufwarten wird, sondern mit einer Reihe von Fragen, die ihrerseits und irgendwann, aber bestimmt nicht zu Lebzeiten der Hausfrau, diese einer Art Erleuchtung zuführen mögen. Denn die etwas backfischartige Erwägung, ob der Geist die Materie verändern kann, ist ja nichts gegen spröde Einsicht, dass die Materie ja offenbar so etwas wie Geist zunächst einmal hervorgebracht hat. An sich – und nun sehr grobmaterialistisch gesprochen – gibt es keinen Grund, bei einer gefälligen Ansammlung von Kohlenwasserstoffmolekülen, für die beispielsweise die Bezeichnung „junge Frau" bereitstünde, überhaupt so etwas wie Denken angehen zu lassen.

Zunächst einmal bemerkenswert. Und völlig unmystisch. Forsch zusammengefasst: Die Materie neigt also selbst schon zum Denken. Zweitens erscheint es uns auch nicht selbstverständlich, dass schöne Gedanken, die sich diese Ansammlung von Kohlenwasserstoffmolekülen oder eben die junge Frau macht, sie nun körperlich, also materiell und messbar verbessern, biofeedbackartig erhöhen, mitunter sogar elevieren. Der schnöde Einwand, dies sei halt Autosuggestion, verkennt das eigentliche Problem, denn offensichtlich hat der Geist eine Art Rückfahrticket, das ihm über Botenstoffe und weitere biochemische Transmissionen *einen Trip ins Materielle* sichert, auch wenn wir zugeben wollen, dass es sich nur um einen Kurzstreckenfahrschein ins Leibliche zu handeln scheint. Nun stellen wir uns in einem dritten Schritt diese Ansammlung von Molekülen auf einer Party vor. Der gutgelaunte Kohlenwasserstoffhaufen kommuniziert mit einem anderen Kohlenwasserstoff-Ensemble, nämlich einem männlichen. Allein *jede Kommunikation hat eine stark magische Note*, die wir hier unterschlagen wollen, Materie 1 kommuniziert also, der Einfachheit halber, auch nonverbal und das Gegenüber empfindet eine derart seltsame Anziehung, eine gewisse auratische Kraft, so dass sich nun Materie 2 durch Materie 1 zu Dingen veranlasst sieht, die M 2 selber eigentlich gar nicht beabsichtigt hatte und ihn in eine Fülle sozialer Schwierigkeiten bringen mag. Wir möchten hier von der magischen Fernwirkung jeder echten erotischen Situation sprechen. Der Geist hat sich also stickum ein Mittelstreckenticket verschafft. Damit endet allerdings auch seine Reise. Denn eine direkte physische Umgestaltung der Welt ist ihm, zumindest derzeit, nicht möglich. Indirekt natürlich schon immer. Denn jedes geistige Produkt, wir nennen wir als Beispiel

„Das Kommunistische Manifest", hat, ein günstiges Binnenklima vorausgesetzt, die Möglichkeit ein viraler Hit zu werden, es muss nur in die Ganglien kommen und als Flash-Animation und mentale Datei, kurz als *Meme* abspeicherbar sein. Und so lässt sich die alte Frage, ob der Glaube Berge versetzen kann, eindeutig mit Ja beantworten, vorausgesetzt natürlich, man nimmt eine Schaufel zur Hand und trägt ihn ab, oder, magisch höherwertig und auch deutlich bequemer, man findet andere, die es tun. Ob es nun noch angenehmer, nämlich ganz ohne Idioten geht, vermögen wir nicht zu beurteilen. Völlig von der Hand zu weisen sind diese Erfahrungen, die wir hier kurzerhand, sehr summarisch und sachlich gewiss nicht korrekt als Swedenborgsche Betrachtungen ausgeben wollen, allerdings nicht.

Kant, der niemals mit einer Frau näher verkehrte, Kant nun seinerseits schrieb daraufhin eine scharf gegen Swedenborg gerichtete kleine Schrift („Visionen eines Geistersehers"), die genau solche Korrespondenzen bestritt, allerdings mit einem derart sinnfreien, leeren Formalismus (wir sind vermutlich die Letzten, die dieses völlig phrasenhafte Buch noch gelesen haben), mit einem Formalismus, der immer wieder sagt: Es ist nicht, weil es nicht sein *kann* (was ja gemeinhin die Pointe von Visionen darstellt), dass wir hier – offen gesagt – kapitulieren müssten, wenn uns die Sache wirklich näher anginge. Vielleicht *wollten* hier alle Beteiligten an ein Wunder glauben und gingen, wie alle Wundergläubigen, mit den empirischen Daten recht großzügig um. Vermutlich braucht jeder Mensch Wunder, um die eigene Kontingenz überhaupt aushalten zu können. Denn die Kontingenz, sie ist leider der unabweisbare Nachteil einer jeden Kohlenwasserstoffwelt.

Ein verblüffend einfacher Schluss aus verwirrend vielen Theoremen.

Wir haben in der Diskussion des Lichts einige unschöne (und auch für uns selbst völlig neue) Dinge erfahren. Es gibt also nicht nur a) den Urknall, was sich b) beweisen lässt, nämlich c) an den Gravitationswellen und durch die Hintergrundstrahlung, einen Big Bang, der d) eine Singularität darstellt, wobei e) aus einer enorm kleinen Planck-Welt ein f) Universum von 13,82 Milliarden Lichtjahren emergierte, ein Universum, das g) aus Licht entstand und h) im Wesentlichen heute noch Licht *ist,* weil i) das Licht – gemeinerweise – keine Masse besitzt, aber j) durchaus Bindungsenergie, woraus sich k) wiederum die Massen erklären, die allerdings (unabhängig davon, was sie im Einzelfall machen) l) auseinanderstreben, und zwar mittels der m) dunklen Energie, die ihrerseits wiederum n) von einer außerhalb des Universums liegenden Kraft, die o) behelfsweise als Quantenvakuum definiert ist, p) angezogen wird, wodurch uns q) die Raumbegriffe fragwürdig werden, was uns r) die Quantenverschränkung deutlich genug zu verstehen gibt, die letztlich auch noch unseren alten Kameraden, nämlich die s) Zeit, als besseren Schnickschnack entlarvt, was bereits in der t) Längenkontraktion sowie in der u) Zeitdilatation anklingt, so dass man abschließend wird sagen können: v) Die Zeit ist die Vernichtung des Raumes und w) die Zeit vernichtet sich selbst in sogenannten x) unerklärlichen, aber instantanen Vorgängen, so dass man sich y) die Kugel geben könnte, wenn nicht letztlich z) der ganze Vorgang sich selbst erklärte.

Denn wir sprachen ja von nichts anderem als von **Z 2**, einem Zustand, in dem die Dinge, der Raum und hier letztlich auch **Z 1**, nämlich die physikalische Zeit, zusammenfallen, und dies aus einem überaus einfachen Grund, einem Grund, der nicht Grund im Sinne von Folge, sondern **Grund im Sinne von Grund** ist. Wir waren natürlich schlau genug, diese ganze abgründige Diskussion über das Licht mit einer

Bestimmung des Phänomenalen zu beginnen, denn um nichts anderes als das Phänomenale in seiner hohen, theoretisch sauber durchgekauten Form der sogenannten Wirklichkeit handelt es sich ja letztlich, so dass wir nur die leicht scholastische Formel zu wiederholen brauchen, wonach die Wirklichkeit selbst überhaupt nichts anderes ist als die Form einer höheren Möglichkeit, und wenn wir den *Modus* angeben müssten, in dem diese Wirklichkeit *erscheint* (in ihrem hohen Sinne des Realen), dann möchten wir an einen metaphysischen Binärcode denken, an ein recht schlichtes An/Aus-System, mit dem wir bekanntlich Licht anmachen, nämlich jenes Licht, „in dem die dämmernde Frühe mit Rosenfingern erwachte" (Homer). Das Licht Monets, das Licht van Goghs, in das manche von uns sich gerne verlieren, das Licht, das uns schon eingangs als extrem **schönes**, allerdings auch als hochlistiges Phänomen aufgefallen ist, das sich nämlich nicht einfach *verbirgt*, sondern, und das ist ja das Hinterlistige am Hochlistigen*, im Sichtbaren selbst verbirgt*.

Wir glauben also zwanglos behaupten zu können, dass die Wirklichkeit auf einer sehr hohen, aber immer noch empirischen Betrachtungsebene stets eine Art von *doppelter Buchführung unternimmt*, ein permanentes, bildlich gesprochen: ***horizontales Zustandsgleiten*** zwischen ***Z 1 und Z 2.*** Dieses Zustandsgleiten ist auf der materialen Ebene im Austausch zwischen Energie und Materie beschreibbar, auf der faktisch beobachtbaren Ebene im abgründigen Wesen des Phänomens, temporal in einem gigantischen Da/Fort-Spiel, eine enorm freche Katzenhaftigkeit des Realen selbst, so dass wir langsam auch ziemlich sauer werden, unsere matteste Milde oder wahlweise mildeste Mattheit überwinden und ihr, also immer noch: der wirklichen Wirklichkeit, ernsthaft ***ihre eigenen Verbuchungstricks*** (die ja – etwa in der Quantenverschränkung – augenfällig werden) **auf sie selbst** anzuwenden endlich den Mut finden und ihr nun kackfrech ins liebliche Katzengesicht, ja, direkt und mitten in ihre unverschämten Katzenaugen hinein sagen: Könnte es etwa sein, dass ***die Wirklichkeit selbst*** *nur der (erkennbare) Ausdruck einer höheren Möglichkeit ist? So dass zwischen der Wirklichkeit Z 1 und jenem Anderen – wir nennen es formal: Z 2 – ebenfalls ein Zustandsgleiten stattfindet, ein – bildlich gesprochen – vertikales Zustandsgleiten*, und da wir aus Gründen, die wir später erläutern, ungerne und immer nur behelfsweise für dieses **Z 2** den Begriff des Seins verwenden wollen, drücken wir unsere *starke Vermutung* aus, *dass die Wirklichkeit nichts anderes als die Möglichkeit von etwas anderem ist.* Dies würde allerdings einen *sehr starken – oder zumindest extrem aggressiven, also luzid aggressiven – Subjektbegriff erfordern* (rein formal, als transzendentale Form des Erkennens solcher Spielchen überhaupt), und genau diesen sehr starken Subjektbegriff werden wir im Folgenden auch exponieren. Wobei wir *seelenruhig* in Kauf nehmen, uns als empirische Subjekte komplett zu entblöden.

Wir bleiben also, mit anderen Worten gesagt, nicht ewig so lammfromm, dass wir in klaren Nächten zum Himmel schauen, um vielstimmig den Mond anzuheulen. Denn bekanntlich geht „kein Blick nach oben, ohne den Tod streifen zu müssen". Nichts gegen das Elegische, aber diese *ungeheure Macht des Negativen* (Hegel), diese Gigantenscheiße der vermeintlichen und vermeintlich so seienden Wirklichkeit, diese ganzen versteinerten Verhältnisse der sogenannten Welt, ein „Schutthaufen von betrogenem, verdorbenem, verirrtem und umgekommenen Leben" (Bloch, Geist der Utopie), dieses ganze Männlichmachen und Haltungannehmen und Fressen und Sterben und Fressen, diese verzweiflungsnahe Sachlichkeit aller toten Geschlechter, die wie ein Alp auf den Gehirnen der lebenden lastet (Marx), kurz: Dieses reguläre Falschspiel möchten wir nicht länger als unbedingt nötig mitmachen.

Was wir also sehr klar sagen wollen und in der unmissverständlichen Schriftart des kursiven Fettdrucks – die ja ein schreiendes Schreiben ist – sagen wollen, ist dies: Alle hinterfotzigen Phänomene, die uns die Katze Wirklichkeit anbietet, nämlich Zeitdila-

tation, Raumkontraktion und Quantenverschränkung, also der ganze Katzendreck würde uns überhaupt nicht interessieren, wir würden das gesamte Katzenklo mit seinen Planetenkötteln und galaktischen Riesenhaufen, als das wir das Universum, sauer genug, zu begreifen gedenken, ungerührt vor sich hin stinken lassen, wenn nicht, ja wenn nicht, ja, wenn nicht was? – wenn nicht genau dieser erbärmliche Mist auf einer durchaus persönlichen, nämlich empirisch-nichtempirischen Ebene als Lösung des Rätsels, allerdings: spiegelverkehrt, wieder auftauchen würde, garantiert nicht! Wir haben dich im Auge, Freundchen. Keine weiteren Spielchen mehr, Katzenvieh! Wir sind echt sauer. Du bist schon so gut wie ein Muff!

IV. Das Subjekt

Hochwertige Biomassen.

Jede physikalische Weltbeschreibung hat ein bedeutendes Problem: Sie ist enorm langweilig und erinnert in ihren weiteren Ausführungen den genervten Zuhörer an eine der beliebtesten Serien innerhalb der *Muppet Show,* nämlich: „Schweine im Weltall". Besonders anständig ist das nicht. Wenn man genauer hinschaut, dann sind die physikalischen Modelle langweilig und spannend, hochbedeutend und reiner Nebbich, treffend und gegenstandslos *zugleich.* In einem *Mesobereich,* also der mittleren Lage, in der wir uns bewegen, brauchen wir keine Higgs-Felder (oder denken es zumindest), bei der Fahrt zum Zahnarzt stört uns am allerwenigsten die Rotverschiebung und einen Parkplatz finden wir trotz der allgemeinen Raumexpansion selten genug. Ja, selbst ein Flug zum Mond ist in einem Newtonschen Universum anstandslos abzuwickeln, wo also ist das Problem? Zum einen besteht das Problem darin, dass wir *extrem undankbar* sind, oder, was hier dasselbe besagt: *extrem dumm.* Wir *konsumieren* die moderne Physik, ohne es eigentlich zu wissen. Sämtliche Dinge, die ziemlich geil erscheinen (Computer, Handy, Flachbildschirme) sind *digitale, nämlich: quantenmechanische Dinge.* Wir leben also jetzt schon in einer ziemlich *smarten* Welt, dies aber mit Begriffsfeldern, die dem 19. Jahrhundert entstammen und in Sätzen wie „Wer viel frisst, das scheißt auch viel" klare Kraft-, Masse- und Kausalitätsverhältnisse glauben angeben zu können.

Gleichwohl liegt dieser Apathie ein *reales* Unbehagen zugrunde, und dieses reale Unbehagen ist für das Subjekt (lat.: subiectum, das, wörtlich und zunächst Daruntergeworfene, aber letztlich auch: Zugrundeliegende) eindeutig *metaphysischer Art.* Es stellt sich nämlich die Frage nach dem Sinn der ganzen Unternehmung *Welt,* und dies wiederum ist nur eine Deckfrage für die eigentlich entscheidende: Was *ich* damit zu tun habe. Mit Wittgenstein gesagt:

„Wir fühlen, dass selbst, wenn alle möglichen wissenschaftlichen Fragen beantwortet sind, unsere Lebensprobleme noch gar nicht berührt sind" (Tractatus). Wir glauben also, dass die Frage nach der Welt immer und zuerst die Frage nach dem Ich ist, und das aus dem besten aller Gründe, denn sie, die Welt, erscheint im Ich und nur in ihm *allein*, so dass eine weltliche Darstellung der Welt (also in der Physik) vom Fragesteller selbst mit einer gewissen Gleichgültigkeit bestraft wird, weil seine Ansprüche *wesentlich* anderer Art und im Kern keine *physikalischen,* sondern *metaphysischen* Fragen sind, da mag das Subjekt sich so realitätstüchtig gebärden, wie immer es will. E*s steht als Subjekt immer schon in einem metaphysischen Bereich* und fühlt sich durch Higgs-Bosonen, sagen wir es deutlich: sachlich negiert, also verneint, und zwar zum *Ding* verneint. Und dazu hat das Ich jedes Recht der Welt. Es ist also ein *Kategorienfehler,* wenn das Subjekt als Träger eines Elementarteilchenzoos, der es physikalisch natürlich *auch* ist, angesprochen wird, es fühlt, dass dies richtig, aber belanglos, hochbedeutend und vor allem reiner Nebbich ist. Eine solche Einsicht könnte man als „die Stunde der wahren Empfindung" (Handke) bezeichnen.

Aber was erkennt man in solch einer Stunde der wahren Empfindung, was, anders gefragt, ist überhaupt eine wahre Empfindung? Wir denken dies, dass alle Zu- und Abschreibungen, jedes objektivistische Denken gleichsam ein Denken aus zweiter Hand ist, ein schwerer *Phantasiefehler* (Thomas Mann), weil das Subjekt, so mies und materiell es auch immer daherkommen mag, niemand anderes ist als, pathetisch gesprochen: „Der Hirte des Seins" (Heidegger, Brief über den Humanismus). Ist es aber der *Hirte des Seins*, dann kann es auch Ansprüche an dieses Sein geltend machen – und das ist genau der Grund, weshalb das Subjekt sich ungern schräg von der Seite, nämlich als Biomasse anquatschen lässt –, denn es ist nicht nur der Hüter des Seins, es beansprucht nicht nur das Sein und wird seinerseits vom

Sein beansprucht, *es ist* – *erstaunlicherweise* – **niemand anderes als das Sein selbst** (natürlich keineswegs vollumfänglich, was ja einigermaßen trostlos wäre). Aber **wir haben teil am Sein**, und das nicht nur hegend und hüterisch, also mehr oder weniger metaphorisch. Und genau darin **zeigt sich** (Wittgenstein) auch der Solipsismus. *Nämlich im Tod.* Wir sprachen ja eingangs von einer erkenntnistheoretischen Pointe. Da ist sie.

Das Ich, so Fichte, setze das Sein „vermöge seines blossen Seyns", was ja ziemlich irre und übrigens eine wahre Titanenarbeit wäre (die ein Baby etwa gar nicht leisten könnte), **wenn es nicht das Sein selbst sei.** Fichtes berühmte „Thathandlung" wäre anders gar nicht möglich und reines Begriffstheater und pompöse Narrheit. Also ist es nichts anderes als eine *doppelte* Tathandlung.

Und auch Hegels Bestimmung, dass „das Wahre nicht als Substanz, sondern eben so sehr als Subjekt aufzufassen und auszudrücken" sei (Phänomenologie des Geistes), macht nur so einen *Sinn*. Das Subjekt, nun einmal sehr anschaulich und damit zugleich auch ziemlich blöde gesagt, liegt wie ein Teebeutel im heißen Wasser der Wirklichkeit, entfaltet sich dort und verändert seinerseits das Wasser, nämlich zu Tee. Die Schnur dieses Teebeutels, gleichsam also der Lebensfaden, der ja bekanntlich gar nichts bewirkt, nach rein gar nichts schmeckt und nur so sinnlos am Tassenrand herunterhängt, ist sozusagen das Rückreiseticket des Subjekts. Allerdings sind Begriffe wie *Rückreiseticket* eher touristischer als philosophischer Art, hier nennt man sie auch nicht *Teebeutelschnur und auch nicht den Lebensfaden der Parzen, sondern: die transzendentale Einheit des Ichs* (Kant).

Meine Fresse!, könnte man sagen, da sind sie ja wieder, nämlich Kasperle (das transzendentale Ich) und das Krokodil (nämlich das Ding an sich). Die sollen sich doch endlich einmal lieb haben. Haben sie doch! Denn natürlich ist das Leben ein Vollwaschgang mit Schleuderstufe 1600, und klar, natürlich verwirklicht sich das Subjekt nur im „konkret Allgemeinen" (Hegel) – wo denn auch sonst? – und *verändert* wiederum dieses konkret Allgemeine, also letztlich auch das Ding an sich selbst (nämlich in der Wissenschaft). Also nimmt die Zeit, die wir zu reiten vermeinen, uns selbst unter ihre Hufe, ein etwas kompliziertes Denkbild, das man gemeinhin und mit Hegel *die Weltgeschichte* nennt. Natürlich *erschafft* sich das reale Subjekt nur in Bezug auf andere Subjekte und schafft so Wirklichkeit, natürlich geht es immer in den „Kampf um Anerkennung" (Hegel), das ganze Intersubjektivitäts-Tralala ist völlig richtig, aber auch geschenkt.

Wenn also etwas feuilletonistisch gesagt wird, das Ich sei gleichsam der Autor seiner Welt, dann ist das auf einer realen Ebene absolut richtig, denn in der Auseinandersetzung mit den Dingen verwandelt er sie. Man nennt das Arbeit. Es ist psychologisch nur bedingt richtig, da sich das Ich zunächst durch das *äußere* Bild seiner selbst nicht nur formiert (Lacan) und transformiert, um sich dann – und nun stimmt die Richtung wieder – gewissermaßen lebenslang vor dem Spiegel zu frisieren, fröhlich vor sich hin projiziert, dabei stets und gerne zu groben Fehlattributionen neigt und letztlich „always in the same car" (David Bowie) crasht. Auch scheint uns an dieser Stelle die Beobachtung Hannah Arendts bemerkenswert, wonach das Ich nicht altert, also keine Zeit kennt (womit offenbar der Selbstbezug gemeint ist). Uns interessiert allerdings allein die absolut vorgängige, kaum noch ichfunktionell zu nennende Erzeugungsleistung der transzendentalen Apperzeption (und Synthesis), nämlich schlicht die Fähigkeit, überhaupt erst einmal eine Welt hervorzubringen, eine allem zugrunde liegende Welt also und sämtliche Erfahrungen auf die Terme „Ich" und „Außen" hin zu verbuchen, und das auf eine stets vor- und mitgedachte „Welt". Wir halten dies für ein extrem erklärungsbedürftiges Muster und für ein metaphysisch erstklassiges Motiv, ohne nun gleich mit dem „Geistersehen", dem Zweiten Gesicht und seinen „Vorbränden" wie etwa bei Schopenhauer rustikal und bauernphilosophisch ins Metaphysische hineinzupoltern. *So gesehen* (und auch *nur so* gesehen) könnte man davon sprechen, dass der Mensch *in der Welt* steht, aber nicht *von der Welt* ist (Johannes 15,2) und mit Georg Trakl sagen: Es ist die Seele ein Fremdes auf Erden. Wir sind theologisch nicht sonderlich musikalisch und halten uns mit eigenen Expektorationen zurück, möchten aber das einzig mögliche *Interface* auch geradeaus und deutlich genug benannt haben. Denn das transzendentale Ich ist weder das empirische Ich noch das reflektierende Ich noch das Ich als Selbstreflexion, es ist gleichsam **ein Hauch**, der auf diesen Formen des Geistes liegt, kaum *Ich* noch zu nennen, aber es ist die *Bedingung ihres Funktionierens* und als solche steht es (wo soll es auch anders stehen?) an der Schnittstelle zum Sein.

Allerdings definieren wir das Sein wiederum viel lieber als höhere Möglichkeit, was auch seitens des Subjekts uns als die bessere Bestimmung erscheint. Denn man müsste schon einen ziemlich ambitionierten, ja: durchgeknallten Subjektbegriff unterhalten, wenn man Leute an einer Currywurstbude als Seinshüter bezeichnen würde, auch wäre es einigermaßen abwegig, nur die Rilke-Leser in diesen schönen Rang erheben zu wollen. Es ist letztlich völlig gleich und bestimmt nur *den Grad der Selbstdurchsichtigkeit*, ob jemand eine Currywurst isst oder die *Duineser Elegien* liest. Das sind alles *empirische Möglichkeiten*, die, sagen wir es zunächst einmal grob und direkt, **metaphysische Grundstruktur des Subjekts selbst** bleibt davon völlig unberührt.

Was aber ist die metaphysische Grundstruktur des Subjekts, und vor allem: Wie *äußert* sie sich? Wir meinen: in einem *leichten Hauch*, der auf jeder Wahrnehmung, jeder Erfahrung, jedem Denken liegt, nämlich darin, dass ein sehr leichtes, sehr abstraktes *Ich denke* „alle meine Vorstellungen muss begleiten können" (Kant). Diese überaus raffinierte, allerdings *zwingend notwendige* transzendentale Form der empirischen Erkenntnis selbst ist der extrem schwache, kolibriartig kleine „Ichpol" (Husserl), der der kompakten Majorität der Dinge, Verhältnisse und Sachverhalte *zwingend* gegenüberstehen muss und auch steht. Wer nun die Dinge von der anderen Seite, nämlich geschichtlich, epistemisch, dialektisch-materialistisch betrachtet, wird diese extreme feinstoffliche Funktion als besseren Fliegenschiss anzusprechen sich genötigt sehen (Foucaults Kritik an Husserl), als Spinnerei eines in die Jahre gekommenen Hochreckturners. Aber wir halten dafür, dass die Dinge keineswegs so einfach sind, dass es mit einem burschikosen *Heidewitzka, Herr Kapitän* sein Genüge finden könnte. Und auch der Hinweis, hier werde der Vereinzelung ja Tür und Tor geöffnet, ist gegenstandslos, denn in der „Einfühlung" (Husserl) sagen wir deutlich: *In der Liebe* erfahren wir ja gerade, dass auch der Andere ein ebenso feines und vom Empirischen aus gesehen irres Subjekt- und Weltempfinden hat wie wir, die transzendentalen Spinner, selbst. Und *genau* darin besteht die besagte metaphysische Struktur des Subjekts: *in dieser transzendentalen Grundfunktion eines jeden Subjekts.*

Wir sind keine Idioten, und glauben die Dinge einigermaßen humorlos zu sehen. Natürlich ist der Mensch immer so etwas wie ein *bunter Hund,* ein ziemlich mieses Blatt, das er im Laufe seines Lebens wohl oder übel wird ausspielen müssen (so in etwa drückt es Nietzsche aus). Natürlich sind die Subjekte vor allem gegenüber dem Tao, dem Sein gegenüber nur „stroherne Hunde" (um das vermutlich berühmteste Zitat von Laotse zu verwenden). Aber doch scheint es möglich, dass beide mitunter zusammenkommen und in *einer* Flamme brennen. Zumindest in hohen Momenten. Denn das Subjekt besitzt mitunter eine merkwürdige Gefühlstotalität oder, wem das lieber ist, eine Totalitätsfühligkeit, und wenn es mit Grund und Gegengrund selten genug zugrunde geht, dann gibt es doch akausale, man kann sagen: lyrische, man kann auch sagen: seinsverdichtete Momente, in denen es auch *genau weiß, was hier gespielt wird.* **Es erkennt sich selbst als Teil des Ganzen.** Und dieses Ganze ist als Ganzes (allein schon begriffslogisch) nicht irgendwie jenseitig oder rein jenseitig, sondern stets gegenwärtig, und genau deshalb spürt man es als Subjekt ja auch. Zwei, drei Takte guter Musik reichen zuweilen dafür schon völlig aus. Mehr braucht es nicht. Dann hört man die Melodie des Stücks (wir etwa hören, während wir dies schreiben, die Titelmelodie des Soundtracks zu *True Grit*, wiederum: Coen-Brüder (2010), eine Melodie, die ja schleppend genug beginnt).

Das wäre in der Tat eine ziemlich überraschende Wendung für jemanden, der aus durchaus kontingenten, wir dürfen vielleicht biologisch deutlicher sagen: hervorkarnickelten Verhältnissen kommt – *inter faeces et urinam* – in kontigenten Verhältnissen lebt – wir sehen ihn gerade Pommes rot-weiß an einer Currywurstbude essen – und in kontingenten Verhältnissen stirbt, etwa indem er einen Klettball aus einem Meter Entfernung gegen eine Klettwand wirft, dabei umfällt und verscheidet, wobei der Begriff der Kontingenz, also der Nicht-Notwendigkeit (die Summe dessen, was man eigentlich alles nicht braucht), die kruden Umstände eher verschleiert als benennt. Wir können uns aber durchaus vorstellen, dass die Wirklichkeit, die uns ja schon bei ihrer Entstehung als ziemlich durchtriebenes Stück aufgefallen ist, auch in ihrem nun sauber materialisierten Zustand mit einer gewissen Doppelsinnigkeit in *allen* Bereichen, also auch dem humanen, durchaus nicht spart, ja der Doppelsinn und die Durchtriebenheit *ist*. Denn sie, die Durchtriebenheit, bezeichnet technisch und formal nichts anderes als eine gewisse doppelsinnige Verschränkung zweier Zustände. Und wir wagen jetzt schon die Aussage, dass wir es letztlich auch in der *Abgründigkeit des Subjekts selbst* – berufsethisch bis in die Haarspitzen und zugleich grabesnah, ins Empirische vernarrt wie ein Pudel und zugleich ins Nichts gehalten – mit einem metaphysischem Binärmechanismus zu tun haben, bei dem zwischen *Z 1* und *Z 2* nichts mehr passiert als dies, dass **die Signifikanten tauschen.** Möchten wir das Subjekt *funktional* bestimmen, so kommen wir zunächst um eine völlig scholastisch anmutende Formulierung nicht herum. Sie lautet: Das Subjekt **ist haltend im Halten gehalten.** Sorry. Klingt wirklich verschroben, das geben wir zu. Nämlich nach Heidegger (und *seinem* Begriff der *Gelassenheit*). Wir werden ihn aber entfalten und glauben auch, dass er *wesentlich* mehr erklärt als die passivistische Gelassenheit, wie wir ohnehin vorhaben, stärker in die Entblödung zu gehen als der Schleicher vom Schwarzwald.

Neuronale Schwundstufen.

Es gibt schon heute sehr raffinierte Kühlschränke, die ziemlich *komplexe Funktionen* unterhalten. Nun stellen wir uns einen Kühlschrank vor, dessen Komplexität so enorm ist, dass er *selbst* denkt, er sei ein Kühlschrank. Diese Selbstwahrnehmung können wir leicht dechiffrieren. Wir sehen also, dass das Ich-Erlebnis des Kühlschranks (auf das er sich einiges einzubilden scheint) im Grunde nur die *Summe seiner Funktionen ist.* Ja mehr noch: *ein notwendiges Selbstmissverständnis* des Kühlschranks. Denn er *kann* die Summe seiner Funktionen (auf dieser hohen Komplexitätsebene) nur noch unterhalten, wenn er denkt, er unterhalte sie *für sich.* Wir, die wir natürlich schlauer sind, haben gegen den Irrtum nicht das Mindeste einzuwenden. Soll er doch denken, was er will, mehr noch: Wir *bestärken* ihn sogar in seinem Irrtum, denn je mehr er von sich hält, desto besser kühlt er (und das ist letztlich das Einzige, was uns an dem Kühlschrank interessiert). Irgendwann wird unser denkender Kühlschrank auf die Idee kommen, dass es irgendeine Fortexistenz nach der Schrottpresse geben muss, weil ja sonst der höhere *Eigensinn* (also nicht *unser* Sinn, nämlich der der Kühlung) des denkenden Systems Kühlschrank fehle, seine Existenz also komplett umsonst war, was ihm denkerisch schlecht ankäme. Wir sehen das Problem (nämlich den Systemzusammenbruch) und bestärken den Kühlschrank, der sich als Idiot seiner selbst schon hinreichend zu erkennen gegeben hat, und stimmen ihm beim Öffnen und Schließen hinterlistig zu, wenn er von einer ideellen Fortexistenz im ewigen Packeis imaginiert. Er ist ein nützlicher Trottel, unser Kühlschrank, wir wissen das mittlerweile zur Genüge und sehen den Zusammenhang zwischen praktischem Nutzen und intellektueller Vertrottelung glasklar.

So, wie wir unseren völlig irren Kühlschrank betrachten, begreift die Neurowissenschaft wiederum den Menschen und sagt: Das Ich ist nichts anderes als eine recht hübsche *Anwenderillusion*, woraus natürlich bereits folgt, dass weitere Aspirationen hinfällig sind, weil schon der *Grund solcher Folgerungen* der – notwendige – Irrsinn an sich ist. Das Ich ist ein zentralperspektivisches Phantasma, das wir höflicherweise beschweigen wollen, wobei wir allerdings unsere neurowissenschaftliche Etikette auch sofort ablegen, wenn dieses empirische Ich (das ja an sich schon Unfug ist) nun auch noch mit einem transzendentalen, einem platonischen Ich um die Ecke kommt. Dann werden wir nämlich deutlich und sagen dem vorgeblichen Subjekt, dass es ein Sausubjekt ist und war und sein wird. Genau an *dieser* Stelle müsste es nun ein paar auf die Fresse geben, denn das Subjekt, das ja selbst mit größter Vorliebe als Betrachter auftritt, wird nun ein *betrachteter Betrachter* (Foucault), und solche Zudringlichkeiten, gegen die es von *seiner Seite aus* natürlich nichts einzuwenden hat, glaubt es sich von d*er anderen Seite aus* auch mit körperlichem Nachdruck verbitten zu müssen.

Wir sind also tief gekränkt, allerdings auch schwer beeindruckt, und wissen nun, dass es sich beim Subjekt um einen reinen und notwendigen Mummenschanz handelt, dass es weder ein freies, noch gar autonomes Subjekt gibt, sondern dass es lediglich um eine einigermaßen sinnfällige Anordnung neuronaler Prozesse geht, die, in einer (vom vormaligen Subjekt aus gesehen) völlig irren, nämlich dysfunktionalen Selbstobjektivierung nun sauber kartiert und statistischen Kausalitätsreihungen unterworfen werden. Bildlich gesprochen: Der Neurologe fliegt durch unser kleines Gehirn, wie vormals Juri Gagarin um die kleine Erde geflogen ist, nicht ohne in schönster kommunistischer Blödheit nach Moskau zu funken: Nun bin ich schon eine Stunde im Orbit und habe keinen Gott gesehen, also gibt es Gott auch nicht. Was damals immerhin als Schluss durchging.

Wir würden ja nun gerne mit unserem Schulwissen anrücken, dass jeder emergente Prozess „Stufungen" (wir haben den Fachbegriff vergessen, schade, er wäre nicht unwichtig gewesen) hat, auf denen dieses nun *neue System mehr ist, als durch die Summe seiner vormaligen Teile* beschrieben werden kann, ein Gedanke immerhin, der selbst dem großen Aristoteles ziemlich schlüssig erschien, ein Grundgedanke des Abendlandes, möchte man sagen, wodurch, streng genommen, die Physik, die Chemie und die Biologie erst ihre formale Berechtigung erhalten, denn sonst könnte man gleich einen Lurch physikalisch *vollständig* beschreiben. Aber auch dies ist vielleicht nichts anderes als ein letztlich natürlich theologischer Hokuspokus, und da die führenden Neurowissenschaftler (Roth, Metzinger) mittlerweile mit einer gewissen Selbstgerechtigkeit auftreten und wir uns nicht permanent als „Sausubjekt" bezeichnen lassen möchten, bleiben wir still und denken uns unseren Teil.

Und da wir gerade beim Denken sind, fällt uns ein, dass doch immerhin die Forschung am Subjekt ihrerseits eine Art transzendentale, nämlich: freiheitliche Entscheidung sein müsste, transzendental *als Bedingung der Möglichkeit*, insofern, praktisch gesprochen: empirische Subjekte transzendentale gedankliche Operationen vornehmen, so dass man – wie immer man es zu drehen beliebt – stets einen transzendentalen *Zugriff* wird haben müssen, *jenen nämlich, der das Erkennen selbst erklärt*. Alles andere erscheint uns als *biologistisches Affentheater*, in dem die transzendentale Freiheit des Forschens vor allem dazu verwendet wird, genau diese Freiheit (reduktionistisch) zu kassieren, was letztlich wie die Dummheit selbst aussieht, die reine Dummheit und nichts als die Dummheit, die Dummheit, so rein, dass sie in weißen Kitteln auftreten kann. Man sollte sich aber in diesen Dingen *taktisch* verhalten, denn immerhin kann es ja sein, dass man diese sprechenden Großaffen in ihren weißen Kitteln noch einmal bemühen muss. Und deshalb sagen wir grundsätzlich doppelzüngig und wie über die Schulter gesprochen: klarer Fall, Cheeta, gut, meine Liebe, alles tippitoppi, geht klar: Nutzerillusion, verstehe! Wir sind aber ohnehin von diesem formalen Pingpong ziemlich müde geworden, legen uns ins Bett und nennen uns selbst „Sausubjekt".

Interessanterweise sehen wir jetzt erst den *Charme* der Dekonstruktion, ja, näher betrachtet hat die Dekonstruktion wesentlich mehr Vor- als Nachteile. Zum einen sind ja wir gar nicht gesellschaftsfähig (was enorme Vorteile bietet, wir werden schon morgen mit dem Arbeiten aufhören und uns alimentieren lassen). Und mehr noch: Wir sind eigentlich nicht mehr juristisch belangbar, es sei denn, man brächte den abstrakten Begriff der Normenverletzung ins Spiel. Ja, das ist das überaus Schöne am Sausubjekt, dass sich ihm nichts mehr zuschreiben lässt. Das heißt: zuschreiben schon, nur wird es nicht entgegengenommen, Pech gehabt, die Rechnung geht an Gerhard Roth. Wir waren, offen gesagt, unseres Ichs in letzter Zeit schon ein wenig müde geworden, das Ich nervt mit der Zeit, es fällt einfach lästig, andauernd dieses Kopfkino, diese Zu- und Abschreibungen, dieses Gottes- und Subjekttheater, dieses Phantasma, etwas zu sein und vor allem darzustellen, also permanent dem eigenen Bild opfern zu müssen – eigentlich eine prima Sache, diese Neurologie, wir sagen „Sausubjekt", und da wir mittlerweile Laune daran gefunden haben, nennen wir uns auch „Teilchenzoo", „Biotonne" und „Nichts". Nun geschieht etwas sehr Schönes: Wir schlafen friedlich ein. Und träumen den Traum der Materie, so dass also die Materie im Traum von sich selbst träumt. Interessanter Vorgang.

Am nächsten Morgen wird es allerdings schrecklich: Die Sonne geht verschwörerisch auf, und die Welt ist wieder da. Wir schlagen die Augen auf, und die Welt schlägt die Augen auf, und man könnte fast meinen, die Welt mache einfach uns alles nach, blöde, wie sie ist. Wir sagen: Weg, Welt, du alte Narrenkappe, du bist ein Energiefeld und ich ein Neuronengewitter, wir sollten uns beide in Ruhe lassen. Ja, sagt die Welt, aber genau deswegen bist du ja auch der Hirte des Seins. Denn allein in dir stellt sich die Seinsfrage *überhaupt*. Du bist der einzige **Lichtblick** (Schelling, Heidegger). Oder glaubst du, dass anderswo in diesem mehr als miesen Universum noch einmal so etwas wie *Weltoffenheit* verbaut wurde? Vergiss es. Du **allein** bist nämlich der Blitz zwischen Nacht und Nacht, weitere Blitze gibt es nicht. Du selbst bist der Blitz, Biotonne zwar auch, aber vor allem: *Blitz*. Das leuchtet uns mit einiger Deutlichkeit – wie Blitze eben deutlich leuchten – ontologisch durchaus ein, und so stehen wir auf und bezahlen die Rechnung.

Oikeiosis.

Wir möchten die höherwertige Betrachtung, ja, geradezu: ein Upgrade des Subjekts mit einer Beobachtung beginnen, die sicherlich einigermaßen falsch, holistisch, einseitig und romantisierend ist und blöderweise aus nichts anderem als der **Liebe** hervorzugehen scheint, eine Beobachtung also, die sich uns aber *aufs Nachdrücklichste* bei der Bespielung von Babys eingestellt hat. Es ist gewissermaßen das *Bild aller Bilder*, und ein Bild, das über allen Bildern steht, nennt man nicht wiederum Bild, sondern gemeinhin: **Idee**. Wir waren die längste Zeit unseres Lebens keine Platoniker, mussten uns aber bei der sehr genauen Beobachtung von Babys dem Platonismus anbequemen, und dürfen uns jetzt (mangels eingehender Kenntnisse) als *Hilfsplatoniker* bezeichnen.

Leider haben wir Platon nie richtig gelesen. Und wenn, dann haben wir ihn nicht verstanden. Aber da sind wir nicht die Einzigen. Vermutlich hat Michel Foucault recht, wenn er sagt, dass die gesamte Geschichte der westlichen Philosophie die Geschichte einer Zurückweisung, nämlich: inneren Abneigung gegenüber Platon ist. Vielleicht kann man sogar so weit gehen, dass die berühmte *Seinsvergessenheit* Heideggers, die für uns außer Frage steht, nicht auf der Schnittstelle: Vorsokratiker (Heraklit und Parmenides) / Platon liegt, sondern auf der Schnittstelle Platon/Aristoteles (dessen Schüler Aristoteles ja bekanntlich war). Wir haben bei Platon ein ziemlich unhandliches, vertikales und metaphysisches Modell und bei Aristoteles breiteste und vor allem *wucherungsbereite* Empirie (allerdings universalgelehrter

Empirismus: Von Bienenzucht bis Ontologie ist alles darin). Diese Empirie beschritt, in eindeutiger Abweisung Platons, die westliche Wissenschaft. Es ist, ehrlich gesagt, nur ein schwacher Verdacht, aber wir wollten ihn zumindest einmal äußern.

Nun könnte man sich fragen: Weshalb ist Platon überhaupt zurückgewiesen worden? Wir denken, weil seine Philosophie eine echte *Zumutung* ist. Denn unsere Wirklichkeit wird hier doch ohne große Umschweife als bloßer Schein betrachtet, als eine Wirklichkeit, die *immer wird und niemals* ist, als reines Transmissionstheater, als bloß *relatives, bloß geborgtes Sein* (Thomas Mann) und wir selbst nur als Schattenleser und Dafürhalter von jeweils diesem und dann wieder jenem, als ephemere Figuren mit noch ephemereren Meinungen, das ist schon einigermaßen frech. Wobei wir selber ja bekanntlich – so Platon – in einer Höhle leben, was uns schon in jungen Jahren und bei höchster Spannkraft nicht völlig absurd erscheinen wollte, wenn man denn den Körper als jene Höhle näher bezeichnen würde (was Platon *nicht* macht, zumindest wüssten wir nichts davon). Nietzsche war nicht sonderlich angetan von dieser Ideenwelt, und bezeichnete sie zu Recht als *Hinterweltlertum* (was an die sprichwörtlichen *Hinterwäldler* erinnern soll), wenngleich die etwas muffige (und namentlich: christliche) Sache durchaus Schwung gewönne, wenn man die Ideen nicht als graue Eminenzen im Hintergrund betrachten wollte und vielmehr von einem *Überlagerungszustand* auszugehen sich bequemte, derart nämlich, dass die Idee – die ja etwas Laienchristliches, Erbauungsliterarisches und Postillenmäßiges hat – durchaus in hohen Momenten an der Oberfläche der Dinge *real und vollgültig erscheint*. Sozusagen als *strange attractor,* der zuweilen auch noch sichtbar wird, was allerdings nie ohne einen heilsamen Schock für das Subjekt abgehen dürfte.

Und was unser persönliches Versäumnis angeht, können wir nur entschuldigend sagen, dass wir Kinder (eigentlich: Nachgeburten) der Frankfurter Schule sind. Wir *konnten* es gar nicht besser wissen. Und so scheint es auch in der Philosophie eine Art von *Murphy's Law* zu geben, was darin besteht, dass man *genau jene* Autoren nicht liest (oder: nicht versteht, was letztlich dasselbe ist), die einem helfen könnten. Wir würden hier allerdings noch einen Schritt weiter gehen und sagen: Das, was wie Pech *erscheint, ist* natürlich nichts anderes als die liebe *Verkennung* selbst.

Was aber fasziniert uns an Platon, wenn wir Babys betrachten, worum geht es eigentlich überhaupt? Um die Beobachtung der Beobachtung, dass ein Baby – wenn es das Stadium verlassen hat, in dem es ein Neuronenbündel ist, sprich: mit einem halben, dreiviertel Jahr – dass also ein besseres Baby die Welt und vor allem sich selbst mit einem Erstaunen erkundet, als sei es in einem Film. Man gewinnt also den Eindruck, als gewönne der sehr junge Geist (oder die sehr junge Seele) den Eindruck, einigermaßen unverschuldet auf eine Art kurioser Kreuzfahrt gelangt zu sein. Wir könnten für diese Behauptung beliebig viele Beispiele bieten (was vermutlich *alle* Eltern könnten), beschränken uns allerdings auf die philosophisch relevante Aussage, dass dieses bessere Baby die Realität als hochgradiges *Irrealisierungserlebnis* wahrnimmt. Um es klar auszudrücken: Die Wirklichkeit erscheint dem jungen Geist völlig verrückt.

Wesentlich interessanter ist jedoch die Beobachtung, dass es *auch sich selbst* mit völliger Fassungslosigkeit betrachtet. Es geht ihm, um ein literarisches Beispiel zu wählen, in etwa wie Gregor Samsa, der eines Morgens nach wirren Träumen als riesiger Käfer erwacht. Denn *formal* macht es keinen großen Unterschied, ob man nun mit sechs oder mit zwei Beinen auftritt, denn dass man *überhaupt materialisiert* vorliegt, scheint unseren jungen Freunden schon wundersam genug. Es ist, phänomenologisch gesprochen, die schlichte Erstaunlichkeit hinsichtlich des großen Da (Welt) und zum anderen in Hinsicht auf dieses kleine Da (Ich), zu dem sich das kleine Da – das in diesem großen Da vorkommt, aber offenbar *getrennt* vorkommt – ja irgendwie verhalten muss (Dada). Existenz ist Trennung – offenbar nicht das Schönste aller Grundgefühle.

Wir möchten also allen Neuro-Talkern und Lingo-Linguisten völlig recht geben, wenn sie sagen, dass *die Sprache dem Denken vorausgeht* und der Prozess sich keineswegs umgekehrt vorstellen lässt (das heißt: vorstellen schon, aber es kommt nur Unfug heraus). Erst durch den Spracherwerb kann sich der kleine Mensch mit seinen Wahrnehmungen und Empfindungen und Erlebnissen auseinandersetzen, das ist ja so selbstverständlich, dass wir uns weitere Darlegungen schenken können. Alle Formen des a) Handelns, b) Denkens und c) Denkens über das Denken (die berühmte *Selbstreflexion* Hegels) steht und fällt natürlich mit der *Sprache*. Wir als Hilfsplatoniker ergänzen allerdings: *Genau mit dieser empirisch erworbenen Sprache kommt das Subjekt auf die empirisch richtige, metaphysisch allerdings grundschiefe Bahn und kann sich selbst nur noch als (besseres) Ding unter Dingen verstehen und missversteht seine seltenen Stunden der wahren Empfindung als mehr oder weniger irre Aufdringlichkeiten von irgendwem und irgendetwas, das es nun auch wieder auch zügig zu verdrängen gilt.*

Wir, die wir ja schon seit einiger Zeit an dieses in der Tat erstaunliche Phänomen *gewöhnt* sind (und nichts anderes ist ja Leben: die Eingewöhnung in irre Verhältnisse), sprechen gerne gelehrt, und wenn wir gelehrt sprechen, dann sprechen wir über die *Oikeiosis*. *Oikeiosis* (griechisch: *oikeioun,* zu eigen machen) bedeutet so viel wie Zueignung, Aneignung, den Prozess der Inne- und Selbstwerdung, ein Begriff der Stoa (also *nicht* Platons), den wir allerdings deutlich genug durchschimmern sehen. Offensichtlich ist die Oikeiosis ein schwieriger Vorgang. Nur wenn man ihn wieder vergessen hat, erscheint er leicht. Man vergisst viel, wenn der Tag lang ist, sagt Platon sinngemäß, vor allem die *Anamnesis*, kein Wunder, es klingt, sagt Platon, ja auch schon wie Amnesie. Wir möchten den Begriff Oikeiosis als eine Einhausung in die Welt beschreiben. Vermutlich betritt man sie wie ein neues Haus, fremd zuerst, vorbehaltlich, noch einigermaßen abwesend. Später dann kauft man sich eine Schrankwand, bekommt Ziele, Zwecke, den Telos, vor allem aber einen Herzinfarkt und stirbt.

Die Aushausung geschieht in der Regel recht zügig, Zwangsräumung, sozusagen.

Die Einhausung ist hingegen ein langer Prozess, durch den der Mensch die Welt betritt. Er betritt die Welt als Behausung, wie er auch den *Körper als Behausung betritt.* Manche Babys schauen sich stundenlang ihre Hand an, dann ihre Finger, dann stecken sie einen Finger in den Mund, und man kann ihr Erstaunen, so denken wir, sogar deutlich sehen. Irgendwann werden sie auch enorm aufgeregt, zeigen auf irgendetwas und rufen laut: *„E-Da! E-Da!" Was* das im Besonderen ist, hängt von den Umständen ab, die es sich nicht näher zu beschreiben lohnt. Interessant ist der *strukturelle* Aspekt. Wir behaupten nämlich, dass sie ein **wahres Wunder** sehen, nämlich **die Epiphanie des Dings** (aus *ihrer* Sicht ein völlig unmögliches Erlebnis).

Wir hätten einiges darum gegeben, mit ihnen darüber sprechen zu können. Ein echtes Dilemma: Leute, die über die Oikeiosis (und natürlich letztlich über die Anamnesis, die uns noch viel mehr interessiert), Auskunft geben könnten, tun es nicht, und Leute, die es tun, können es nicht. Irgendwann werden die Fakten hart wie Eichenholz, die ganze Welt steht voller Schrankwände, ein „stahlhartes Gehäuse" (Max Weber). Nun möchte man die Welt nicht mehr verlassen (obwohl man Schrankwände eigentlich nie leiden konnte), man kennt ja, streng genommen, nur noch Schrankwände, haftet also direkt am Sinnlichen und klebt wie ein Gecko an ihnen: „Sonderbar", schreibt der junge Goethe der Wertherzeit an seinen Freund Kestner, während er sich einmal mehr über seinen alten und pusseligen Vater ärgern muss, „sonderbar, dass da man glauben sollte, je älter der Mensch wird, desto freier er werden sollte von dem, was irdisch und klein ist. Er wird aber immer irdischer und kleiner." Vielleicht ist das Leben, so denken wir mitunter, nichts anderes als ein *Stockholm-Syndrom* im ganz Großen, so nämlich, dass man sich irgendwann in die Geiselhaft verliebt, wenngleich wir nicht angeben könnten, wer eigentlich der

Geiselnehmer ist. Glücklicherweise naht immer auch Hilfe, denn sonst würde Goethes Vater heute noch als Gecko an seinen Schrankwänden kleben, sprich: am Sinnlichen haften.

Die ÜLG im Härtetest.

Goethes Vater, der in seiner Jugend ein ziemlich fescher Hund gewesen sein muss (wir erinnern daran, dass er schon seinerseits eine *Italienische Reise* unternommen und auch beschrieben hat – sein: *Viaggo per l'Italia*), wurde im Alter also extrem dingaffin, fast schon selbst ein Ding. Der eindeutige Nachteil am Besitzdenken besteht darin, dass man sich irgendwann *selbst als sein eigener Besitz denkt*. (Der Einzige und sein Eigentum – und sein Irrtum). Dem Subjekt ist immer, wie soll man sagen – *Transzendenz* beigegeben und sie lässt sich durch Schrankwände nur eine Zeit lang faszinieren. Denn: „Der Mensch ist Geist. Was aber ist Geist? Geist ist das Selbst. Was aber ist das Selbst? Das Selbst in ein Verhältnis, das sich zu sich selbst verhält. Der Mensch ist eine Synthese aus Unendlichkeit und Endlichkeit, von dem Zeitlichen und dem Ewigen, von Freiheit und Notwendigkeit, kurz eine Synthese" (Kierkegaard, Die Krankheit zum Tode).

Selbst der überzeugteste nietzscheanische Weltsteigerungs-Impresario wird diesen schlichten Sachverhalt letztlich einzusehen haben, in seinen eigenen Worten gesprochen: „Einmal muss man doch den ganzen Zinnober zurücklassen" (Hitler, April 1945, zitiert nach: Fest, Hitler). Goethes Vater wird also leider mit einem sehr verkrusteten Weltbegriff zur großen Reise angetreten sein – oder, mit seinem nun selbst alt gewordenen Sohn gesprochen:

„Die Koffer sind gepackt und ich erwarte die Ordre zum Abmarsch" (Goethe zu Eckermann). Wir möchten nun etwas genauer über die Reisebedingungen informieren.

Wir unternehmen dies, um uns nicht theoretische Feigheit nachsagen lassen zu müssen. Denn die Karten liegen ja nach dem Gesagten klar auf dem Tisch.

Ungeachtet physischer Beschwerden und psychischer Irritationen, die empirische Erlebnisse sind, wird sich das *Ereignis* wie folgt darstellen: Goethes Vater wird a) ungeheuer viel **Licht** gesehen haben, b) genau diese **Lichtschranke** durchbrochen haben (was, wenn man den Tod nanogenau skalieren wollte, genau *jetzt* der Fall ist) und c) schließlich im, wir sagen behelfsweise: Sein angelangt sein. Wir wissen nun nicht, wie dieses Sein aussieht, ob es überhaupt aussieht, noch können wir Aussagen darüber machen, ob Goethes Vater Informationen mitnehmen konnte. Würde uns interessieren, wissen wir aber nicht. Theoretisch erscheint es uns sehr interessant, dass nur innerhalb einer Ordnung, deren Gesetze die Lichtgeschwindigkeit bilden, so etwas wie Ursache und Wirkung zu beobachten und somit empirische Aussagen zu machen sind. Wer meint, bedenklich werden zu müssen, kann es genau hier tun.

Bekanntermaßen ist das Doppel Tod/Licht ein klassisches Motiv der besinnlichen Sterbeliteratur, man darf sogar behaupten: Etwas Tantenhafteres als dieses Doppel gibt es überhaupt nicht. Neurowissenschaftler haben spätestens jetzt einen Lachkrampf bekommen, denn für sie ist der Tod eine Art *Hirnfasching*, bei dem, wenn es hochkommt, Endorphine wie Kamellen über den unfreiwilligen Ehrengast der Veranstaltung ausgeschüttet werden. Wir glauben *definitiv* nicht, dass hier das letzte Wort gesprochen ist. Man könnte viel eher sagen, dass minderwertige Betrachtungsweisen zu minderwertigen Ergebnissen führen. Denn *wenn* die Wirklichkeit von Licht gehalten wird (was ziemlich unstrittig ist), und der Mensch der „Hirte des Seins", ja, wir sagen: das Sein gleichsam auch selbst sein muss, denn sonst könnte er ja schlecht dessen Hirte sein, und somit die Seele (in bürgerlichen Kreisen besser als *Psyche* bekannt) *kein* empirisches Ding ist (was allerdings alles in jeder Hinsicht sehr umstritten sein dürfte), dann *muss* sie genau diese Wirklichkeit in ÜLG, also in der Überlichtgeschwindigkeit, auch verlassen (ob sie dies sogar *instantan* tut, lassen wir dahingestellt). Würde sie es nur auf Lichtgeschwindigkeit bringen, dann wäre sie naheliegenderweise ein Photon unter anderen Photonen, so wie der Leib zu offenbar 92 Prozent aus „Sternenstaub" (Novalis) besteht, und wir hätten absolut keine Aktien darin, ob wir nun nach unserem Ableben zu Sternenstaub oder Photonen werden, uns wäre da beides gleich recht.

Heideggers „Hirte des Seins" ist – und nun werden *wir* einmal deutlich – im Grunde nur ein folkloristischer Begriff. Wir sehen Heidegger vom Feldnebel ungetrübt in (konservativen) Begriffsfeldern der 50er Jahre herumwandern: hier das Titanische, das Technische, das seine *eigenen* Phantasmagorien spendet, kurz: die Eiserne Zeit (was sich vielleicht durch Heideggers pepitahafte, schwarzweiß karierte Technikaversion herleiten lässt) und dort als das (verlorene) Göttliche, das von den Titanen glatt überspielt wurde und nun zwingend offengehalten, gehegt und gehätschelt werden muss und dessen *Ankunft inständig aussteht* („Nur ein Gott kann uns retten"), das hat etwas forciert Oberförsterhaftes und Heidegrünes. Wir *sehen* geradezu Rudolf Prack durchs Gehölz streifen, in Loden und mit Dackel, und können ihn auf seinen Wegen ins Unterholz, leider, *keineswegs* begleiten. Überaus schade, dass Wittgenstein (er starb 1951) den späten Heidegger nicht mehr erlebt hat, vielleicht hätte er dessen „Ge-Stell" und „Ge-Viert" (gern benutzte Wendungen des *kunzigen* Südbadensers) schlicht als Ge-Habe bezeichnet.

Wir sagen also deutlich forscher: Der Mensch ist in gewisser Weise das Sein selbst, und *wenn* er das Sein ist, und sich ja wohl auch noch zweifelsfrei materialisiert hat, dann **muss** er, und zwar **notwendig, also naturgesetzlich,** durch eine Lichtschranke hindurch, also notwendigerweise und immer durch diese Lichtschranke hindurch, nichts anderes ist Materialisierung und Dematerialisierung, denn die Wirklichkeit selbst ist ja Licht, weshalb wir die ÜLG *dringend* einem Praxistest unterziehen sollten. Aber wahrscheinlich werden wir wieder alles selber machen müssen.

Wenn nun Hirnforscher daherkommen und sagen: Tja, Freunde der Nacht, es gibt ja wohl auch *blinde* Babys und *blind* Sterbende, da kann es dann mit dem berühmten Licht nicht so weit her sein, dann müssen wir dem „Otterngezücht" (Mt. 23,33) recht geben, verweisen allerdings sehr streng darauf, dass diese den Übergang anders *sinnlich* wahrnehmen werden, vielleicht in Form von elektromagnetischen Wellen (nichts anderes ist ja Licht).

Wir möchten am Ende dieses ziemlich exponierten Kapitels noch auf ein Phänomen verweisen, das in der christlichen Mystik nicht völlig bedeutungslos ist, nämlich: ***das Taborlicht*** (Mt. 17,2). Das Taborlicht (benannt nach dem Berg Tabor) spielt vor allem in der *orthodoxen* Welt eine zentrale Rolle (weshalb, so vermuten wir, nun ziemlich kenntnislos gesprochen: die Jungs auf den Ikonen immer auch mit so einer Art spirituellen Taucherglocke aus Licht herumlaufen). Das Taborlicht ist jenes empirische Phänomen, das der Sterbende bei seinem Tod als **Letztes** sieht, so nämlich, wie die Apostel bei der Verklärung den Herrn sahen: „Das Licht, das die Jünger bei der Metamorphose Christi umstrahlte und das jetzt den durch Tugend und Gebet gereinigten Geist erstrahlen lässt, ist das Licht der zukünftigen Welt [...] Ist es denn nicht offensichtlich, dass es nur ein und dasselbe Licht gibt, das den Aposteln auf dem Tabor erschienen ist, das den gereinigten Seelen jetzt erscheint und in dem das Wesen der zukünftigen Güter besteht?" (so der in der orthodoxen Welt als Heiliger verehrte, uns allerdings völlig unbekannte Athos-Mönch Gregorius Palamas).

Wem das nun zu viel mystischer Hassle und Hickhack ist, der sei auf den Film *Nymphomaniac* von Lars von Trier verwiesen (2013), in dem das Taborlicht einige Bedeutung hat (als bester, ja geradezu überragender Film von Triers erscheint uns allerdings *Melancholia*). Außerdem erfährt man in *Nymphomaniac* manch Wissenswertes über Analsex und Gangbang, sofern man es grobsinnlicher liebt. Aber das alles gehört gewissermaßen zum *Strukturwandel der Öffentlichkeit* (Habermas), dem wir hier leider nur eine geringe Aufmerksamkeit widmen können. Wobei es allerdings die schlichte Wahrheitspflicht erfordert, zu sagen: Die (Genital)-Heldin des Films sucht ja gerade im Sex (den zu qualifizieren uns nicht zusteht) so etwas wie das Taborlicht. Sonst wäre der Film ja Pornographie (die uns bekanntermaßen immer *das* anbietet, was es *nicht* gibt, nämlich, vikariierend gesprochen: Erlösung). Wir allerdings sind nicht unfroh, uns derart deutlich exponiert zu haben und – wenn man so sagen darf: *versteifen* uns geradezu darauf, ein interessantes Moment des Sphärischen benannt zu haben, und gedenken genau auf diesem Weg weiterzugehen. Denn das ist das richtig Schöne an der Entblödung, man verliert die Furcht zu irren, die bekanntlich selbst der Irrtum ist (Hegel).

Eine weitere Nachtfahrt nach Lissabon.

Ernst Jünger hat in den 20er und frühen 30er Jahren einige kleinere Essays geschrieben, die, liest man sie heute, durch eine kräftige faschistische Grundierung nicht weniger befremdlich wirken als durch ihre nietzeanische Willensathletik und einen bedenklich klappernden Elitarismus. Gleichwohl bestechen sie durch ungewöhnliche, unverbrauchte, man kann also sagen: *originelle* Gedanken. Im Umfeld des Großessays „Der Arbeiter" sind das: „Die totale Mobilmachung", „Feuer und Bewegung" sowie die Schrift „Über den Schmerz". Unseres Wissens ist dies die einzige Arbeit, die sich *philosophisch* mit dem Schmerz beschäftigt. Da wir die Schrift nun nicht ausplündern wollen, beschränken wir uns auf ihr zentrales Theorem, das, in unseren Worten gesprochen, lautet: *Der Schmerz ist die Signatur des Übergangs.* Wir wollen diesen herausragenden Gedanken vollumfänglich erfassen und sagen daher erstens: Der Schmerz selbst ist bereits der (an sich eindeutige) Hinweis auf einen (späteren) Übergang, und zweitens: Jeder Übergang – wie banal er auch sein mag – ist mit (teils überaus banalen) Schmerzen verbunden. Wir werden sehen, dass der Gedanke eine existentielle und vor allem: ontologische Pointe enthält.

Da wir keine Pour-le-Mérite-Träger, sondern ausgewiesene Warmduscher und Kulturbeutelbesitzer sind, können wir auch nur mit lau temperierten Beispielen aufwarten, die allerdings stehen uns klar vor Augen, und so scheuen wir uns nicht, tief ins Regal zu greifen und von einem niederen Schmerz, nämlich dem Seelenschmerz zu berichten. Eine junge Frau fuhr Anfang der 90er Jahre mit dem Zug von Frankfurt nach Lissabon (wir entschuldigen uns für diesen uralten Topos und könnten auch sagen: Sevilla, wo sie später war). Die Fahrt begann am frühen Abend, ganz einfach deshalb, weil es eine Nachtfahrt war (wir sind übrigens grundsätzlich nicht dafür zuständig, dass Zugfahrten von westeuropäischen Großstädten nach Lissabon meistens über Nacht stattfinden, also Nachtfahrten sind). Die Frau (oder war es ein Mann?) lebte Anfang der 90er Jahre (oder waren es die 80er?) in Frankfurt, einer Stadt, die ihm geradezu unbewohnbar erschien, und das in einer – wie sagte man damals? – Beziehung, die höchstgradig suckte und mit dem Wort „unglücklich" noch schmeichlerisch umschrieben worden wäre. Und so sollte die berühmte Nachtfahrt nach Lissabon ihn in neue Verhältnisse bringen, der Raum, ein vorderhand rein touristischer, machte zumindest im Kopf einigen Anspruch darauf, mehr zu sein als ein bloßer Wechsel der Örtlichkeiten. Interessant war nun, dass ihr der Abschied aus Frankfurt ungemein schmerzhaft erschien, was bei einem schlichten Urlaub von einigen Wochen ungewöhnlich genug war.

Alles schien schwer und final und nie mehr erlebbar (obwohl ja gerade *das* der Zweck der Reise war: es nicht mehr erleben zu *müssen*), die Sonne (eine *August-Sonne*) lag tief und wie auf ewigen Abschied gestimmt auf der (vorgeblich: miesen) Mainmetropole und letztlich aureolenartig auf dem Hauptbahnhof, so viel – das dürfen wir jetzt schon sagen – *sinnloser* Schmerz war nie und es hätte wenig, ja fast gar nichts gefehlt, irgendein drittrangiges Zeichen vielleicht, das sich mit hoher Fabulierkunst als Omen hätte aufspielen können, und beide, egal ob Mann oder Frau, wären komplett in die alten Verhältnisse, die man ohne Umschweife als unhaltbar bezeichnen musste, demissioniert, und zwar *mit Freuden* demissioniert.

Wir bringen diese Geschichte – die so oder ähnlich jeder mit Sicherheit schon einmal erlebt hat – wie folgt zu Ende: Sie hatte einen schönen Monat in Lissabon, an der Algarve, in Andalusien, las Kierkegaards „Entweder/Oder" (dann war es also doch ein Mann!), verließ Frankfurt, zog nach Berlin und hatte in all den Tagen, die der Herr ihm noch zu schenken bereit war, nicht eine Sekunde seines Lebens Gelegenheit gehabt, Frankfurt und die Frankfurter Verhältnisse auch nur anjammernd bedauern zu können. Sehr schön, könnte man sagen, doch nun sollten wir auch erklären, *weshalb* dieser Schmerz ein niederer Schmerz ist. Auffallend an ihm ist nicht nur seine psychische Verfassung, die sich formal wiederum vor allem *ästhetisch* darstellt (weshalb er auch als klassischer Romananfang auftreten könnte), und letztlich dadurch, dass er (an sich banale) Dinge wie den Gang zu einem Hauptbahnhof geradezu irrsinnig auflädt und einer kruden Wirklichkeit den hohen Status des *Verweile-doch* verleiht, indem er sie *aufleuchten lässt*.

Wir wollen nun wieder die Zügel anziehen, also formaler werden und sagen: Jede Veränderung zeitigt Schmerz und der Schmerz wiederum zeigt Veränderung an. Während wir also den ersten Teil der Aussage als prinzipielles Strukturmerkmal des Daseins *faktisch* verstehen und somit *grundsätzlich* fassen, müssen wir den zweiten Teil in eine *normative* Form überführen und sagen: Der Schmerz zeigt Veränderung an und *sollte* sie auch zeitigen.

Was aber heißt Veränderung? Veränderung ist eine Art mittlere Lage und steht gleichsam zwischen dem banalen Wechsel und dem pathetischen Übergang und bezeichnet die Bewegung eines Subjekts vom Zustand Z 1 auf einen anderen Zustand Z 2, wobei diese Bewegung extrem banal sein kann, was auch wiederum zur Folge hat, dass es auch der „Schmerz" ist, und somit kaum oder unterschwellig wahrnehmbar wird, und wenn, dann als mildes Unbehagen. Wir sehen also eine direkte Relation zwischen dem Maß der (erwartbaren) Veränderung und dem Maß des Schmerzes. Wir können beliebige Stufungen vornehmen, vom einfachen Betreten einer fremden Örtlichkeit (die heute allerdings in die Jahre gekommene *Schwellenangst*) oder den Worten des Anderen in einem völlig alltäglichen Gespräch. Wir werden mit diesen Worten in *fremde* gedankliche Räume gezogen, ganz abgesehen davon, dass Kommunikation ohnehin Krieg ist, bis hin zu realen großräumlichen (Umzug) oder großpersonalen Veränderungen (Scheidung, Tod), die entsprechend großflächige und intensive Schmerzen psychischer, physischer, psychophysischer Art vor und nach sich ziehen.

Phänomenologisch interessant ist allerdings, dass der Schmerz eine große *Raumtreue*, einen stark wertkonservativen und beharrungsbereiten Zug aufweist, der einer näheren Erläuterung bedürftig erscheint. Zunächst einmal ergibt sich dieser Aspekt aus der These, dass *jede* Veränderung Schmerz verursacht. „Veränderung" meint hier nicht notwendigerweise „Bewegung", gleichsam als ein verqueres Newtonsches Ruhegesetz. Und wenn wir schon Newton bemühen wollen, dann so, dass eine klare lineare Bewegung (oder erlebnismäßige Struktur) deren Wechsel entschieden vorzuziehen sei. Damit wäre das schwache Bild aber bereits an sein Ende gelangt. Denn der Unterschied ist kein räumlicher, sondern ein topografischer Unterschied, man betritt letztlich eine andere *Welt*. Das können zunächst kleine Erlebnisbereiche sein (etwa: Spielen/Abendbrot essen), ferner Wirklichkeitsbereiche (etwa: Abreisen), dann lebensweltliche Großreiche (etwa: Scheidung), schließlich aber kommt das sehr großsprecherische Wort der Welt zu seinem Recht – und genau dies meint Ernst Jünger letztlich mit dem pathetischen Wort des Übergangs –, wenn die Welt selbst komplett auf dem Spiel steht, was offensichtlich im Krieg, in der schweren Verwundung, kurz: in der Nähe des Todes der Fall ist.

Wir finden grundsätzlich den Zustand Z 1 ganz großartig, und sehen selbstverständlich keinen Anlass, ihn zu verändern (zumal das Bekannte dem Unbekannten bekanntlich vorzuziehen sei), aber *gerade das* dementiert ja der Schmerz, der, wenn man so will: teleologische Impuls des Schmerzes, der dann und nur dann seine Bestimmung erfährt, *wenn der Zustandsschmerz den Übergangsschmerz überschreitet* (also dumm gesagt: der Schmerz *sich selbst* überschreitet) und damit über eine **Schmerzschranke** hinausführt. Wir vermuten, dass *jeder* Übergang eine Art *Dialektik des Schmerzes* beinhaltet, und können uns – aufs Praktische gesehen – durchaus vorstellen, dass die Passage durch den Geburtskanal für das Baby nicht unbedingt das reine Vergnügen darstellt. Es würde also Z 1 (intrauterin) dem rein terrestrischen Zustand Z 2 bei weitem vorziehen, wenn nicht ein starker Reiz (Schmerz) ihm die Reise bis an die Grenze der Zwangsläufigkeit nahelegen würde. Diesen Vorgang kann man im Sinne Kierkegaards als großen Sprung ins Ungewisse denken. Auch glauben wir, dass sehr viele Menschen diesen nun wiederum terrestrischen Zustand **Z 1** wesentlich häufiger Richtung **Z 2** verlassen würden, und zum großen Sprung coute que coute (das heißt unabhängig davon, ob sie nun einen Jenseitsbegriff haben oder nicht und wie stark dieser ausgeprägt ist) ansetzen würden, wenn sie nicht dabei durch ebendiese *Schmerzschranke* hindurch müssten.

Vermutlich ist es so: Wer Z 2 im Schmerz verspürt, der ist auch letztlich reif für Z 2. Naheliegenderweise könnte man sagen: Denn der Schmerz will *über uns selbst hinaus.* Was jetzt kommt, ist ohnehin nur noch ein Leben unter nässenden Zelten, taube Täglichkeit und geschnorrte Zeit, der permanente Aufschub des permanenten Todes. Denn genau das ist ja das Unangenehme am Unangenehmen, dass es beständig wiederkehrt. Jeden Tag Beckett, jeden Tag Endspiel. Also kurz: Ein Lasterleben des Organischen selbst, schlichte Gewohnheit und ontologischer Schlendrian; wir wissen wirklich nicht, ob wir dieser Raumtreue des Schmerzes dankbar zu sein haben. Denn selbstverständlich muss jeder Mensch überwunden werden. Keine Gestalt kann, ja: darf Bestand haben, weil es ja die eigenen Widersprüche selbst sind, die zu seiner Auflösung drängen, vor allem die völlig ungeklärte metaphysische Stellung, die, zumindest formal betrachtet, **vorzeichenverkehrt** sein könnte.

Sokrates sieht kurz vor seinem erzwungenen Selbstmord dieses Problem sehr luzid, wenn er sagt: „Niemand weiß, was der Tod ist, ob er nicht für den Menschen das größte ist unter den Gütern. Sie fürchten ihn aber, als wüssten Sie gewiss, dass er das größte Übel ist" (Apologie). Wir wollen Platon (der ja Sokrates gleichsam erfunden hat) nicht ins Wort fallen, aber vielleicht wäre es besser zu sagen: *muss fürchten*, denn sonst hätte die Welt ein bedeutendes Fun-Problem. Sagen wir einfach mal so.

Wir glauben aber *funktional sehr deutlich zu sehen*, dass der Schmerz, die Dialektik des Schmerzes und hier insbesondere die Schmerzschranke auf der biologischen Ebene eine ähnliche Funktion unterhält und auch erfüllt, wie sie das Licht und hier wiederum die Lichtschranke auf einer wesentlich höheren Ebene unterhält und erfüllt. Wir wagten eingangs den etwas kryptischen Satz „Haltend im Halten gehalten sein" und hoffen, ihn am Beispiel des Schmerzes etwas näher erläutert zu haben. Wir sind hiermit nur an einem vorläufigen Ende dieses interessanten Themas angekommen. Rückblickend glauben wir aber jetzt schon *das Prinzip* zumindest biologisch begriffen zu haben und stellen (mit Ernst Jünger) ziemlich erstaunt fest: „Der Schmerz ist der negative Abdruck einer metaphysischen Struktur" (Über den Schmerz, in: Blätter und Steine).

Schopenhauer, Schelling und der Dude.

Die gesamten Ausführungen über den Schmerz, seine implizite Teleologie und Doppelgesichtigkeit, kurz, seine Dialektik sind für einen Schopenhauerianer komplett überflüssig und reine Begriffsschinderei. Ein Schopenhauerianer sagt nämlich kurz und klar und bündig: Genau das ist ja der alles bestimmende Wille, dass er sich selbst will und somit auch seine Welt, die man sich als einigermaßen gemütliches Gefängnis, also eine Art DDR zu denken hat, als einen Vorstellungsraum, als *seine* Objektivation, in dem das bisschen Seelenklimbim gleich mit unterhalten wird, als sein – aus den (zurechtgemachten) sinnlichen Daten geschöpftes – Welttheater. Oder sagen wir: Kopfkino oder, noch besser: Bahnhofskino, denn es handelt ja einiges von schmuddeligen Dingen, und außerdem sind wir ja letztlich ohnehin nur auf der Durchreise. Wir können einen brillanten Gedanken eigentlich nur bestätigen, und täten dies umso lieber, wenn er auch noch richtig wäre.

Es gibt etliche Gründe, weshalb Schopenhauer heute eher die Rolle des mosernden Großonkels der Philosophie spielt: Er weiß erkenntnistheoretisch offenbar von Dingen, die er aufgrund seiner voluntaristischen Philosophie gar nicht wissen *kann*. In der Nacht des Willens sollten doch eigentlich auch alle Katzen grau sein. Könnte man zumindest denken. Zudem sind seine beiden Hauptbegriffe einigermaßen schillernd. Sind Gedanken, zumindest Bewusstseinsinhalte, die in einem pragmatischen Kontext wie dem des Lebens zumindest einigermaßen stimmen, also der Wirklichkeit, zumindest der jeweiligen Organisation von Wirklichkeit entsprechen müssen, namentlich: reine Vorstellungen? Und ist der Begriff des „Willens" überhaupt ein operativer Begriff, kann man mit ihm arbeiten oder ist er wie die „Kraft" ein bloßes Wortgedröhn? Wir wissen es nicht.

Und gesetzt, es gäbe nur den „Willen" – so, wie es nur „Energie" geben mag –, wie könnte dieses offensichtlich universale „Wollen" das „Nicht-Wollen" *wollen*? „Geht's noch?", fragen wir hier Schopenhauer sehr besorgt. Ist Nietzsche, der etwa im *Zarathustra* auch ganz schwer am Rad dreht, nicht wesentlich stringenter, wenn er sagt: Ja, ich will diesen Willen, und zwar als *Willen zur Macht*? Fragen über Fragen. Wie steht es überhaupt bei Schopenhauer um das Nichts? Im berühmten Schluss der „Welt als Wille und Vorstellung" gibt Schopenhauer den *tough guy* und schreibt, gleichsam als philosophierender John Wayne: „Wir bekennen es vielmehr frei: Was nach gänzlicher Aufhebung des Willens übrig bleibt, ist für alle die, welche noch des Willens voll sind, allerdings Nichts. Aber auch umgekehrt ist denen, in welchem der Wille sich gewendet und verneint hat, diese unsere so sehr reale Welt mit allen ihren Sonnen und Milchstraßen – Nichts." Das ist sehr schön gesagt, ganz großes Kino, allerdings für ein Dorfpublikum, also Dorfkino, ganz großes Dorfkino, wenn es so etwas überhaupt gibt.

Wir wissen wirklich nicht viel, aber eines mit Sicherheit: Die Welt ist nicht nichts, sie kommt nicht aus dem Nichts und geht auch nicht ins Nichts, denn aus dem Nichts kommt und geht überhaupt nichts, und zwar ganz einfach deshalb, weil es weder kommen noch gehen *kann*. E*x nihilo nihil fit,* das Nichts macht, wie es sein Name eigentlich schon beiläufig verrät, nichts, überhaupt nichts, nada, rien, niente, es ist nichts anderes als der moserne Urgroßonkel, dieses Nichts, nämlich Schopenhauers Onkel selbst, der Schwarze Mann der Philosophie, kurz gesagt: „Es ist nichts mit dem Nichts" (Heidegger). Nämlich die Substantivierung eines verneinenden Urteils, was natürlich *voraussetzt*, dass etwas da ist, das man überhaupt verneinen kann („Es gibt *kein* Bier auf Hawaii.") Hawaii selbst gibt es natürlich schon und genügend Bier übrigens auch, nur eben nicht auf Hawaii, ein schöner und immer wieder gern gespielter philosophischer Trick, den sich auch Heidegger zur gefälligeren Kontrastführung selten genug entgehen ließ.

Wir wollen die Welt nun nicht so allzu ernst nehmen, aber als *Etwas* wird man sie doch anzusprechen genötigt sein. Ist sie ein Etwas, dann muss sie aus etwas anderem hervorgegangen, oder, wie wir meinen: *umfasst* sein. Das wiederum kein Etwas in einem materiellen Sinne wie das zuvor benannte Etwas ist, weil sonst der beliebte **Babuschka-Effekt** entstünde, so nämlich, dass dieses neue Etwas seinerseits ein anderes und neues Etwas fordert und wir in einem infiniten Regress landen würden, weshalb wir ja stets von einer (höheren) Möglichkeit sprechen, die zwar umfassend, aber weder nach räumlichen, kausalen oder zeitlichen Maßstäben zu bestimmen sein dürfte.

Aus diesem Grund bleiben wir ontologisch auch reserviert gegenüber Paralleluniversen oder Multiversen (wobei es auf die Zahl selbst nicht ankommt). Gäbe es ein Paralleluniversum, dann kann es genauso gut Multiversen geben, die wir *faktisch* nicht zurückweisen wollen. Das prinzipiell philosophische Problem bestünde lediglich darin, dass nicht nur das Universum 1 (unser bekanntes) ziemlich unbegreiflich wäre, sondern zudem auch noch das Universum 2 (beziehungsweise die Multiversen n), sofern nicht die *Relation* zwischen U 1 und U 2 (beziehungsweise die Relationen U-n) eine bündige Erklärung liefert (und lieferten). Wir finden, dass uns bereits unsere eigene Existenz rätselhaft genug erscheint und wir keinen theoretischen Bedarf haben, auch noch unsere Zweitexistenz als Reptil im Paralleluniversum U 2 begreifen zu müssen. Gleichwohl halten wir das Vorhandensein von Multiversen für eine valide Option, die einigermaßen zwanglos aus der Quantentheorie hervorzugehen scheint.

Sie würde unserer Theorie der Möglichkeit als höherer Potentialität jedenfalls nicht widersprechen. Ontologisch ist die Frage zunächst einmal auch ziemlich egal. Wichtig hingegen scheint uns folgende Überlegung: Wenn es eine Welt (oder, was letztlich dasselbe besagt: mehrere Welten) gibt, *muss* eine gewisse *Notwendigkeit* dafür vorhanden sein. Notwendigkeit heißt auf der anderen Seite der Gleichung: *Defizienz*. Wir wollen nicht (und können übrigens auch gar nicht) die reiche und oftmals rein scholastische Defizienzliteratur anführen und erinnern daher nur kurz an Schellings Abhandlung „Über das Wesen der menschlichen Freiheit", und hier insbesondere an die interessante Figur des *werdenden Gottes*. Sie nämlich führt in die paradoxe, allerdings auch unserer Meinung nach einzig sinnvolle Stellung, die *sowohl* die Theologie als auch den Atheismus ablehnt und positive (klassische Theologie) und positivistische (naturwissenschaftlicher Atheismus) Inhalte *gleichermaßen* verwirft.

Wir gehen mit Martin Heidegger und seiner Schelling-Auslegung *völlig* überein, wenn er die positive Theologie als „ontotheologischen" Mumpitz glaubt benennen zu dürfen. Die nämlich ihrerseits nichts anderes ist als eine Personifizierung griechischen Denkens, wörtlich: „die Verchristlichung außerchristlicher Philosophie" darstellt, die dann auch noch im schönsten theologischen *double-talk* natürlich als gottlos verdammt werden muss. Kurz: ein munteres Quidproquo aus Ordo-denken, Causa-Sui-Gerede, Instanzenwesen, Controletti-Attitüden, moralischem Full-Metal-Jacket und praktischem Muckertum. Hier kann man sich wirklich glücklich schätzen, seit Nietzsche gott-los zu sein, zumindest *diesen* Gott los zu sein. Auch für Gott selbst ist das eine feine Sache, der, zumindest nach Schelling, den *wahren* Menschen *braucht* (wir sprachen ja von Defizienz), so dass eine Art gegenseitiger Abhängigkeit besteht: „Was ist ein Gott ohne den Menschen? Die absolute Form der absoluten Langeweile. Was ist ein Mensch ohne den Gott? Der reine Wahnsinn in der Gestalt des Harmlosen." So Schelling.

Wir würden *eindeutig nicht* so weit gehen, wie wir auch seine när-rische Verliebtheit ins Absolute keineswegs teilen, bleiben allerdings dabei, dass die Figur des werdenden Gottes als des ganz Anderen, als des namentlich: *werdenden Anderen* (wobei natürlich die Frage: *Wer wird und wenn ja, wie viele* nicht völlig reizlos ist) uns einen entwick-lungsgeschichtlich nicht uninteressanten Ausweg aus theologischem Dogmatismus und der Not der (materiellen) Notlosigkeit (Heidegger) eines faktenhuberischen Atheismus anzeigt. Gott ist, jetzt *sehr salopp* gesprochen, nicht länger der Typ, der die Welt geschaffen hat und sich seitdem einen faulen Lenz macht, sondern er bringt sich gleichsam durch uns selbst auf Trab, was ja, wenn es ordentlich läuft, eigentlich bei jedem guten Eltern-Kind-Verhältnis unbedingt lobend erwähnt werden sollte.

Wir sind diesem Gedanken allein schon deswegen recht zugetan, weil er unserem Begriff der Möglichkeit als höherer Potentialität nicht widerspricht und etwas uns sehr Wichtiges mit meint, nämlich: *das Offene*, gemeinhin eben jene formale Struktur, die der Möglichkeit als Ereignisform entspricht. Deshalb verwenden wir auch nicht besonders gerne den Begriff *Gott*, unter anderem deshalb, weil die *definitorische Vollkommenheit* irgendeine Defizienz notwendigerweise ausschließt, was in der Folge zu mehr oder weniger abstrusen Konsequenzen, ja: schieren Hilfskonstruktionen führt und historisch auch geführt hat. In den Worten Nietzsches: „Gott ist eine viel zu extreme Hypothese" (Aus dem Nachlass der achtziger Jahre).

Unterstellen wir also eine gewisse Notwendigkeit, eine Notwendigkeit, die uns kosmologisch durch die unglaublich feine Verteilung der physikalischen Naturkonstanten, biologisch durch die Entstehung der Arten und nicht zuletzt auch historisch durch den gern verpönten, aber unabweisbaren Begriff des – nun kommt ein ganz schlimmes Wort: *Fortschritts* unwiderlegbar erscheint, dann dürfen wir wohl mit einigem Recht von einer Art teleologischem Modell sprechen, und wenn wir davon sprechen, dann sprechen wir zugleich auch von uns. Wir glauben also eindeutig an diese Welt, ihre (uns unbekannte) Notwendigkeit und somit daran, Teil eines sehr pragmatischen Aufklärungs- und Entfaltungsprozesses zu sein. Das ist natürlich Deutscher Idealismus, um nicht zu sagen: Erzidealismus (der mit Schelling schon ins Naturgeistliche und Vollromantische geht), denn die Natur, selbst die anorganische Materie, denkt durch den Menschen, den *ersten Freigelassenen der Schöpfung* (Herder). Der *Nous*, also der Geist in den Dingen, jener Geist, der uns in einem nahezu quälend langatmigen Prozess erst hervorgebracht hat, setzt nun große Dinge in uns. Wir, die Mündel der Materie, sind jetzt gleichsam seine Rechtsvertreter in einem Prozess, in dem es um die Sinnhaftigkeit des Seienden geht. Es erwartet seinsmäßige Satisfaktion. Ob wir selbst dabei überhaupt satisfaktionsfähig sind, scheint die Dinge wenig zu kümmern, sie setzen auf die Zeit, vermutlich nicht völlig zu Unrecht. Wir setzen ja selber auf diesen Gott des Werdens, den werdenden Gott. Wir alle sind also letztlich Weltgeist-Fans reinsten (und damit: naivsten) Wassers. Denn selbstverständlich *kann* die Aufgabe der „Weltgeschichte" nichts anderes sein als die, dass der Geist (im sprichwörtlichen Sinne Hegels) *in ihr zu sich selbst kommt*, wir sind also, sprechen wir es offen aus: reine *Paradiesvögel*.

Und genau deshalb haben auch ernste Probleme mit einem materialistischen Welterklärungsimperialismus, geradeaus gesagt: mit dem marxistischen Deutungsmodell. Das ist umso bedauerlicher, als Marx die Bewegungsgesetze des Kapitals völlig lupenrein sieht. Die gesamte *Dialektik der Dinge*, die reale und durchaus abgefuckte Doppelsinnigkeit des Tausches, oszillierend zwischen Austausch und Betrug, der Ware im Hin und Her zwischen Tausch- und Gebrauchswert, des Geldes als Mittel und Zweck, des Kapitals in seiner „geldheckenden" Funktion, die etwa im Derivatehandel mit ihren Wetten auf Wetten von Wetten „sinnlich-übersinnlich" wird, übersinnlich, weil sie keinen wirtschaftlichen Nutzen hat, sinnlich, weil sie die Wirtschaft durchaus zu zerstören vermag, „Massenvernichtungswaffen" (Warren Buffett), also kurz: den ganzen falschen Zauber von hundsschlichter Ausbeutung bis hin zum Kapitalfetisch als Gottheit, die alles und jeden, nicht zuletzt den Kapitalisten selbst als reine Mehrwertmaschine die Knie beugen lässt, hat Marx natürlich völlig richtig gesehen und beschrieben.

Gleichwohl glauben wir, dass dieser Gedanke *philosophisch* irrelevant ist, und wäre er nicht irrelevant, dann ist er zumindest falsch. Denn würden kommunistische Verhältnisse in ihrer lieblichen und lummerlandliken Form irgendwann einmal *technisch* Wirklichkeit, ein Gedanke, den Marx im „Maschinenfragment" vorgedacht hat, und der durch die stürmische Entwicklung der Produktivkräfte keine blasse Utopie bleiben muss, käme es also zu diesem Reich der Freiheit, dann wäre die eigentlich philosophische Frage, nämlich die nach dem Sinn von Sein und Existenz, kein Jota weiterbewegt worden und bliebe, ontologisch gesehen, *so dunkel wie der Hintern eines schwarzen Stieres in einer mondlosen Prärienacht*, um jetzt schon eine bekannte Filmfigur zu zitieren. Und wäre der Gedanke nicht irrelevant, weil wir diese Frage ohnehin nicht beantworten können und somit der innerweltlichen Geschichte überantworten müssen, dann könnten wir überhaupt keinen kraftvolleren Motor als den Kapitalismus gebaut haben, der in seiner ungeheuren Dynamik alles *Ständische und Stehende* und Gewohnheitsfaule verdampfen lässt, sich in der Verwandlung der Welt gleichsam lokomotivenartig (eine Lieblingsmetapher von Marx) durch die ungeheure Macht des Negativen schiebt und somit nicht nur wie der Weltgeist erscheint und funktioniert, sondern, und das wäre der Clou und die eigentliche List der Geschichte, *der Weltgeist tatsächlich ist.*

Ja, wir gehen als Weltgeist-Freaks sogar so weit zu sagen, dass, selbst wenn die Wirklichkeit den teleologischen Impuls eines Toastbrots haben sollte, die Idee als *regulative Idee* im Sinne Kants, also als nützliche Fiktion, schlicht unüberbietbar ist. Denn letztlich wäre es funktional völlig gleichgültig, ob diese Idee wahr oder falsch ist, geht es doch einzig darum, dass sie wahr *wird.* Auch der arbeitet, der die Arbeit gut simuliert, so wie es für die Arbeit selbst wiederum gleichgültig ist, ob sie in der Wirklichkeit oder in einer gut konstruierten Matrix stattfindet. Wir glauben also allen Ernstes, dass irgendwann irgendwo irgendwer sitzen wird, wir sagen einmal: im September des Jahres 2206 am Schlachtensee in Berlin, es ist noch mild und die Bäume beginnen sich schon einzufärben, er schaut aufs Wasser und denkt auf einmal: *Ach!, dafür der ganze Aufwand.* Genau dafür sind die Leute weggestorben wie nichts, genau dafür, dass ein junger Schnösel im September 2206 am Schlachtensee in Berlin sitzt und *Ach!* sagt. Dafür sind wir gerne gestorben.

Danke für nichts. Wir beneiden den jungen Schnösel, wie er da sitzt am Schlachtensee im September 2206, aber enttäuscht sind wir wiederum auch nicht. Denn wir wussten schon, dass wir letztlich nur Transmissionsriemen und Relais, also die Trossknechte, die Wagenspanner und Knappen der Geschichte sind. Wir kamen aus sehr dunklen Zeiten. Mehr war einfach nicht darin.

Wir sind also keine ontologischen Bettflüchter, wir sind weltfromm, wie sonst nur Laubenbesitzer und Gesangsvereine weltfromm sind, wir achten alles und jeden, die Moselfahrten, die Kartoffelfeuer, jeder

Kegler ist unser Freund, wir machen auch alles mit: den Zinseszins und die Goldene Hochzeit, wir beten alles an, selbst Kühe beten wir an, wir legen uns grundsätzlich in den Staub und zählen Käfer, alles schön und richtig und gut, nur eines ist es nicht: nämlich Metaphysik. Denn der Fortschritt, diese so leicht und lässig dahingesagte Bewegungsmetapher, ist natürlich nichts anderes als *praktische Antwort* auf ein *metaphysisches Problem*, nämlich das der völligen *Ortlosigkeit* (Taubes). Und vielleicht ist deshalb alleine die Metaphysik ernsthaftes Denken, und alles andere ist überhaupt gar kein Denken, sondern nur besseres Gassigehen.

Es gibt im übrigens einen interessanten teleologischen Aspekt der Wirklichkeit, der recht arglos und so, als könne er kein philosophisches Wässerchen trüben, daherkommt, und das ist der Sex. Wir wissen absolut nicht, ob die Assoziationskette: Gaia (griechisch: Erde) – fröhlich – geil etymologisch herleitbar ist, und wenn sie es nicht ist, dann müsste sie es sein, denn die Weltmacht Sex ist die Macht der Welt. Wir wollen nicht ermessen müssen, wie viele Legionen diese Weltmacht unterhält und wie stark sie den Menschen besetzt hält: imaginär, physisch, psychisch, organisatorisch, gesellschaftlich, juristisch, kollateral in welcher Form auch immer mit Vor- und Nachgefühlen.

Wir schenken uns die beliebte Forschungsreise in diesen mittlerweile nicht mehr besonders schwarzen Kontinent und sagen nur zwei Dinge. Erstens, Sex ist nicht Fortpflanzung, ja, man kann sagen: Je mehr Sex, desto weniger Fortpflanzung, und zweitens: Natürlich hat der alltägliche Orphismus, diese Panhaftigkeit auf Büro- und Küchentischen, kurz, die Drüsen-, Sekret- und Schleimhautseligkeit, das Neuronengewitter entlegenster Aktivitäten ihr nahezu schlichtes Zentrum in einem natürlich-übernatürlichen Impuls, wir sagen sogar: in einem teleologischen Imperativ. Wem also der werdende Gott wie eine ferne Begriffsklempnerei anmutet, der findet genau hier sehr affektive und selbstevidente Anschauungen in breitester Fülle. Auch wird der *Modus* des Werdens, nämlich der symbiotische Austausch, der Fluss der Dinge, das diskrete Weitergeben, teils informeller, teils realer Sachverhalte, ja, ihre wechselseitige Durchdringung in einer keineswegs geistig überfordernden, man darf also sagen: durch und durch gefälligen Weise zum sinnlichen Erlebnis gebracht. Wir können philosophisch also nur zuraten.

Noch heute ist Schopenhauers „Metaphysik der Geschlechterliebe" eine spannende Lektüre, auch und gerade in ihren abstrusen, das heißt: streng metaphysischen und hochspekulativen Teilen. Spekulativ, interessant und hochabstrus ist dabei vor allem die strikt antiempirische Theorie der Empfängnis, die geradezu überplakativ die platonische Ideenlehre herbeizitiert (was, nebenbei bemerkt, die gesamte Schopenhauersche Philosophie nur noch weiter ad absurdum führt). Schopenhauer kehrt hier die gängige Kausalitätsreihe der Empfängnis komplett um. Das ist zumindest sehr originell. Er sagt also: Nicht die Eltern zeugen das Kind, sondern das Kind (das man sich in diesem konzeptionellen Stadium wohl als Platonische Idee, als quengelndes Elementarteilchen im Reich der Parzen oder eben als Seele vorstellen muss) will gezeugt werden und bringt *seinerseits* die Eltern zum – mitunter loriotartigen – Begegnungs- und Kopulationsakt. Wenn man sich von *dieser Seite* auch nur versuchsweise den komplett okkasionalistischen Akt der Partnerwahl und -begattung mit seinen *realen* und milliardenfachen Variablen bereit ist vorzustellen, dann kommt zumindest eine starke dezisionistische Geste in das an sich ja ziemlich irre Geschehen. Und zumindest *formal* entspräche es haargenau jenem Verhältnis von offenkundiger Zufälligkeit und verdeckter Notwendigkeit, die wir als *Strukturmoment* eines jeden höheren Begriffes von Möglichkeit ausgemacht haben.

Er scheint uns hier eine gute Gelegenheit zu sein, über einen Film zu sprechen, der uns sehr am Herzen liegt. Sein Titel lautet: „The Big Lebowski", gewiss einer der besten Filme aller Zeiten von den Coen-Brüdern (von deren Filmen allerdings „The man who wasn't there" uns als der beste erscheint). Die Handlung ist eigentlich schon lustig genug: Ein lebensphilosophischer Bowler – der sich grundsätzlich von allen nur als der *Dude* ansprechen lässt –, schon deutlich in die Jahre gekommen, ohne Arbeit, ja ohne das geringste Interesse an Arbeit und Stress, gerät über eine schlichte Namensverwechslung in eine abstruse und hochstressige Kriminalgeschichte, an deren Ende er mit einer (auch nicht mehr jungen) Millionärstochter schläft. Die Oberflächenstruktur ist so turbulent und variantenreich, dass man *mehr* nicht sehen muss, um den Film zu mögen. In der Tiefenstruktur treten allerdings zwei Personen auf, die man in einem so rustikalen Screwballstück eigentlich nicht erwartet: nämlich zum einen Gott, der ziemlich gut getarnt als weißgekleideter Cowboy an der Theke der Bowlingbahn sitzt und mit dem Dude ein Allerweltsgespräch führt. Wobei bezeichnend bleibt, dass der Cowboy den Dude ziemlich gut kennt, der Dude allerdings den Cowboy überhaupt nicht, was man ja gemeinhin über das Verhältnis zwischen Mensch und Gott sagen könnte. Ferner weiß der Cowboy etwas Persönliches, das der Dude nicht weiß und vermutlich selbst die Millionärstochter nicht, nämlich dies, dass sie schwanger ist und der Dude somit Vater wird. Signifikant ist zudem die sehr sonore Stimme des Cowboys (dieselbe Stimme übrigens, die am Anfang des Films die Geschichte überhaupt erst exponiert). Aber wir wollen hier keine Detailhuberei betreiben.

Die zweite Figur ist noch wesentlich besser versteckt, nämlich so, dass man sie *überhaupt nicht sieht,* ganz einfach deshalb, weil sie gar *nicht* vorkommt, weder als Nebenfigur (wie Gott) noch akustisch noch irgendwie optisch, sie ist auf der sinnlichen Ebene nirgendwo vorhanden, aber letztlich doch da, ja *omnipräsent*, und zwar als **Narrativ.** Ein Narrativ ist die Metaebene jeder Erzählung, *sie zeigt sich*, und zwar an der Form der Erzählung selbst, die ihrerseits wiederum den Inhalt bestimmt. Es gibt, um noch kurz Belege zu erbringen, sehr viele Hinweise dafür, dass das Kind der eigentliche Träger der Geschichte ist. Am deutlichsten zu Beginn: Auffallend lange steht das Schwarz, während die Musik schon läuft, dann sehen wir obersichtig eine Dünenlandschaft, die Kamera folgt der Bewegung eines „Steppenläufers", also einer rollenden Strohkugel zum Song „See them tumbling down". Der Steppenläufer rollt über einen Dünenhügel und „sieht" (zugleich mit der Kamera, die ihm ja folgt) das nächtliche Panorama einer Stadt, es ist *Los Angeles*, die „Stadt der Engel", wie der Off-Sprecher nicht vergisst spöttisch hinzuzusetzen.

Ein Narrativ ist also wesentlich unsichtbar, es bildet die Meta-ebene jeder Geschichte, steht also weit über den Inhalt (Empirie), ja selbst noch die Form (Gesetze) hinaus. Es ist der unsichtbare, aber hochpräsente *intelligible Erzähler*, und dort erzählt das intelligible Ich die in der Tat abstruse und wahrscheinlichkeitstheoretisch gegen null tendierende Vorgeschichte seiner kommenden Existenz. Wir halten diesen nahezu *magischen* Trick für überaus gelungen und könnten uns ganz generell vorstellen, dass man, allgemein gesprochen, Gott keineswegs objektivistisch in sogenannten Higgs-Bosonen (die vielzitierten „Gottesteilchen") oder in den Bewegungsgleichungen des Lagrange-Formalismus zu suchen hat, sondern *im Narrativ selbst*. Denn was sind die berühmten physikalischen „Anfangs- und Randbedingungen" jeder Gleichung anderes als mathematische Narrative? Wir wissen es nicht. Wir glauben nur sehr deutlich verstanden zu haben: ***Das Narrativ ist bereits die Botschaft.***

Vogelkundliches.

Es ist nicht völlig uninteressant zu erfahren, wie Immanuel Kant auf den *kategorischen Imperativ,* den zentralen Begriff seiner Moralphilosophie überhaupt, gekommen ist (so erzählt es sein Assistent mit dem kuriosen Namen, der klingt, als sei er aus einem Figurenlexikon von Thomas Mann gefallen, nämlich: Ehregott Wasianski). Kant, der ja – von ganz kurzen Ausnahmen in seiner Jugendzeit abgesehen – seine Heimatstadt Königsberg nie verlassen hat und auch keineswegs verlassen *wollte* –, erging sich stets zur selben Zeit auf einem nachmittäglichen Spaziergang durch die Stadt (und dies *so* genau, dass sich die Königsberger angeblich bei seinem Erscheinen auf die Minute hin ihre Uhren stellen konnten). In einem kühlen Sommer nun, in dem es wenig Insekten gab, machte er folgende Beobachtung: Am Mehlmagazin der Stadt fand er einige Jungschwalben *auf dem Boden zerschmettert*. Kant untersuchte den Fall mit einer gewissen Genauigkeit und kam zu dem Schluss, dass niemand anderes als die Altschwalben selbst ihre Jungen aus dem Nest geworfen haben müssen. Kant war hochgradig verwundert über diesen „verstandesähnlichen Naturtrieb", der die Schwalben offenbar lehrte, in Zeiten des Mangels den eigenen Nachwuchs teils zu opfern, um die anderen durchbringen zu können.

Kant schildert diese Entdeckung als kleines Erweckungserlebnis. Sein *Angesicht glühte vor hoher Andacht:* „Da stand mein Verstand stille, da war nichts dabei zu tun, als hinzufallen und anzubeten." Kant also, dem man ansonsten keine übertriebene Rührseligkeit nachsagen kann, kniet nieder, faltet die Hände und betet Schwalben an. *Phänomenologisch* ist das aber bestenfalls die *halbe Miete*.

Bevor nun jemand kommt und sagt: Das klingt alles, zu Ende gedacht, überhaupt nicht schön, ein Gedankengang, den *Kant selbst überhaupt nicht gehen wird,* möchten auch wir gleich sagen, dass uns a*llein der formale Aspekt* des Vorgangs interessiert. Denn auch Ernst Jünger ist einhundertfünfzig Jahre später vogelkundlich unterwegs (hauptsächlich war er Käfer- und Insektensammler, ein berühmter Entomologe, nach dem etliche Käfer benannt worden sind). Er sitzt in Überlingen (Bodensee) am Frühstückstisch und sieht, wie ein junges Rotschwänzchen aus dem Nest fällt und tot am Boden liegt, mit einem „schmerzlichen, frühreifen Zug" im Vogelgesicht. Die Eltern, die noch vor wenigen Sekunden einen Riesenaufwand betrieben haben mögen, halten den Leichnam für keiner weiteren Beachtung mehr wert. Jünger, studierter Zoologe, findet das interessant: „So machte ich schon häufig die Beobachtung, dass die Tiere in einer anderen und wohl schärferen Weise für die Wahrnehmung des Lebendigen eingerichtet sind als wir. Der Tod verwandelt den Körper für sie sehr schnell in einen Gegenstand; und es gibt Fälle, in denen die Alten den Leichnam des Jungen sogleich in seiner Eigenschaft als Nahrung wahrnehmen" (Das Rotschwänzchen, in: Das abenteuerliche Herz, zweite Fassung). Der ganze Vorgang findet Jüngers vollste philosophische Zustimmung; er erinnert an Heraklit und dessen Aversion gegen den ägyptischen Totenkult, bei dem die (hohe) Leiche einbalsamiert und vollstofflich mit dem gesamten Hausrat den Göttern anvertraut wird. Unfug, meint Jünger, „man muss sich das Verhältnis etwa so vorstellen wie das unsere zu einer elektrischen Lampe, die uns leuchtet, weil und solange Strom in ihr ist".

Eine Lampe hat bekanntlich einen sehr einfachen An/Aus-Mechanismus, der den Raum beleuchtet und auch wieder ins Dunkle bringt. Raumverhältnisse sind Lichtverhältnisse, nicht mehr und nicht weniger, und so setzt sich der sinnierende Jünger wieder an seinen Frühstückstisch, denkt den Rotschwänzchen nach und schreibt: „Daher gibt es auch hier keine Wahrnehmung des Todes in unserem Sinn, und die Gedanken, mit denen ich vom Frühstückstische aus den Unfall betrachtete, leuchteten gleichsam auf einem anderen Stern."

Nun läuft bei Jünger natürlich die gesamte Schopenhauer-Mühle an und er meint, gleich auch das *Ich* schwer ins Gebet nehmen zu müssen (ein Gedanke, der uns keineswegs unsympathisch ist). Genau hier regiere eine „steinalte Art der Blindheit", was man sehr leicht daran erkenne, dass sich niemand das Bild seines eigenen Leichnams *vorstellen könne*, was das „römische Imago", für uns: das *Imaginäre*, das zauberische, man kann mit demselben Recht sagen: verzauberte Lebensbild seiner selbst geradewegs und zwar mit äußerstem Nachdruck verhindere, so dass jedes „einfache Lichtbild unserer Selbst uns in Verlegenheit setzt" – *sehr lustig*, Imago und Lichtbild *so* zusammenzubringen! –, weshalb Ärzte sich auch grundsätzlich nicht selbst heilen können, Autoren ihren eigenen Stil gut finden *müssen* und sich natürlich „auch jede Frau für schön hält", was ja statistisch einigermaßen unwahrscheinlich ist. *„So leben wir im toten Winkel unser selbst"*, meint der frühstückende Vogelkundler, ein phantastischer Satz, wie wir finden. Jünger schlägt gegenüber dem Ich und seiner Selbsthysterie (Hysterie heißt immer: Man überschreit seine *eigene Frage als Gestalt*, sonst könnte man ja auch gleich ruhig reden) eine psychische Abrüstung vor und sagt (in unseren Worten): Immer schön locker bleiben, ihr müsst viel mehr durch die Hose atmen, denn natürlich fallt ihr, ihr alle fallt, keine Frage, aber: ihr fallt *ins Erstaunliche*. **Und das, was von außen entsetzlich erscheint, ist innerlich eine geradezu unglaubliche Entspannung.**

Ich weiß es nämlich. Woher, wissen *wir* nun wiederum nicht. Mal sehen.

Die große Zahl.

Die große Zahl ist *immer* falsch. *Grundsätzlich.* Man könnte sogar sagen: Je größer die Zahl, desto falscher das Ergebnis, sofern man uns den Komparativ durchgehen lässt. Das ist nicht unbedingt schmeichelhaft für die Mathematik, und wenig fehlte, um geradeheraus zu sagen: die Mathematik selbst ist eine – wie soll man es diplomatisch formulieren – nicht völlig unproblematische Wissenschaft. Sie quantifiziert nämlich, was uns nicht weiter stört, aber immer dann, wenn sie *Qualitäten* quantifiziert, dreht sie komplett durch. Kein Wunder, könnte man sagen, sie ist ja an sich schon irre. Der gleichsam klinische Beweis ihrer manisch-depressiven Natur ist die große Zahl, der Ziffernschwall, der *rage du nombre*.

Leibniz, Mathematiker und Philosoph, kurz: ein etwas sprödes Universalgenie, berechnete das Universum, kam naheliegenderweise auf eine extreme, mehrkommastellengenaue Wahrscheinlichkeit seiner Existenz, die nahe bei null lag. Er sagte also sinngemäß: Dass es die

Welt gibt – so, wie sie sich uns zeigt – ist in etwa so wahrscheinlich wie dies, dass ein Rasierklingenturm hält, wobei eine Rasierklinge auf einer Rasierklinge steht, die auf einer Rasierklinge steht – und dies, um irgendeine phantastische Zahl zu sagen: mal hundert.

Würde nämlich – allein von den physikalischen Grundkräften her betrachtet – auch nur eine Wirkung im hohen Nachkommabereich sich anders darstellen, dann wäre das Universum perdu, in seiner Masse zusammengefallen oder in die ewigen Weiten diffundiert. Wir haben also Mordsglück gehabt, sagt Leibniz und kam deshalb auf den bekannten Satz: *Wir leben in der besten aller möglichen Welten.*

Eine solche ideale Welt *könne* kein anderer als Gott hervorgebracht haben, woraus letztlich *jedes* Übel notwendig und erklärbar ist. Und das ist, sehr kurzgefasst, die *Theodizee*, die Rechtfertigung Gottes in der Welt. Wir möchten behaupten, dass hier a*lles falsch* ist: der Angang, die irren Zahlen, die Personifizierung und vor allem der *normative Fehlschluss*. So etwas passiert, wenn man Zahlen alleine lässt. In den 70er Jahren des letzten Jahrhunderts machte der (*extrem nervige*) Astrophysiker Stephen Hawking eine Rechnung auf, wonach man an der Welt – sähe man sie als eine gedachte Eins an – weder im hundertfachen Nachkommabereich noch im hundertfachen Vorkommabereich irgendeine Zahl verändern dürfte, weil sonst wiederum das Universum vor einiger Zeit, und zwar ganz entschieden, *Sayonara* gesagt hätte. Wir sind beeindruckt. Genauso gut kann man behaupten, dass eine Kuh auf der Weide mit höchster Wahrscheinlichkeit eine Kuh auf der Weide sein muss, weil sie nämlich ansonsten keine wäre. Wir wollen also sagen: Die Mathematik ist (empirisch) eine feine Sache, aber sie denkt nun einmal nicht, sie *kann* es (so Heidegger) noch nicht einmal und bläst stattdessen ontische Dinge, vorzüglich: die „Natur" in einen ontologischen Rang hinauf, der ihnen, den Dingen, *keineswegs* zukommt. Sie sieht, mit Heidegger gesprochen, den Wald vor lauter Bäumen, oder nun wörtlich: „Das Sein vor lauter Seiendem nicht". Und so haben wir auch grundsätzliche Probleme mit der Vermessung des Subjekts.

Denn das Subjekt ist *keineswegs wesentlich* eine *res extensa* (Ding) und kein Raumstück, seine Existenz ist auch nicht Realität (was sie auf einer unteren Stufe natürlich auch ist). Das Ich ist kein „Selbstding" (Heidegger), und wenn, dann hat es etwas sehr Wesentliches verloren. Nämlich das Sein selbst.

Die unendliche Geschichte.

Eine Geschichte, die unendlich ist, ist *immer* eine beliebige Geschichte. Beliebig heißt: Sie kann *dies* mit derselben Unschuldsmiene sagen wie auch ihr Gegenteil, nämlich: *das.* Ohne ihre Unschuldsmiene zu verziehen. Denn nur das *Ende* einer Ableitung kann uns über Wahrheit und Unwahrheit aufklären. Daher muss man sagen, dass eine unendliche Geschichte *weder wahr noch wahrheitsfähig sein kann.* Eine Geschichte aber, die weder wahr noch wahrheitsfähig ist, erfüllt alle Ansprüche, die wir logisch an das *Gerede* stellen müssen, um es als Gerede zu benennen. Wir erklären uns dieses Dilemma durch die (allerdings notwendige) Entscheidung, Empirisches durch Empirisches, Seiendes durch anderes Seiendes zu erklären, mit anderen Worten: kausal zu begreifen, wobei notwendigerweise hierbei ein linearer (Heidegger: „vulgärer") Zeitbegriff universal wird und dabei zwangsläufig krude Hilfsdienste bei der Produktion eines empirischen Phantasmas leistet (Heidegger: „Die Wissenschaft *denkt* nicht, ja mehr noch: sie *kann* es noch nicht einmal"), das in unbegreiflichen Zahlen sein scheinwissenschaftliches Auskommen findet, Zahlen also, die mit jeder Generation eine Potenzreihe höher rücken; Zahlen, die am Ende selbst ein Supercomputer nicht mehr auszudrücken befähigt wäre, was allerdings infolge der nun einsetzenden großen Müdigkeit von Mensch und Maschine letztlich niemanden mehr interessiert und somit als „Beweis" zu gelten hat und gemeinhin auch gilt.

Uns ist durchaus klar, dass das „anthropische Prinzip" jeder Form von Rückrechnung enge Grenzen zieht, denn mit derselben Logik könnte man sich ja auch wundern, dass die Katze genau dort zwei Löcher im Fell hat, wo ihre Augen sind. Gleichwohl scheint uns gerade die empirische Wissenschaft nicht völlig frei von diesem fragwürdigen Schlussverfahren zu sein, und so wollen wir mit dem folgenden Beispiel *etwas anderes* erläutern und legen es deshalb möglichst burlesk an. Wir nehmen also eine beliebige Person und nennen sie der Einfachheit halber so, wie sie sich meistens selbst nennt, nämlich *Ich.* „Ich wurde Ende 1930 in Berlin geboren und starb 2013 in Jüterbog" – eine kleine Verneigung vor Gottfried Benn und seinem wunderbaren Satz zur Biografie: „In Berlin wurden die meisten geboren und in Jüterbog sterben sie alle." „Mein Vater, den man sich im Frühjahr des Jahres 1930 als potenten, jüngeren Mann fideler Sinnesart vorzustellen hat, betrat durchaus beischlafgestimmt den Hof meines Elternhauses, in dem, ebenfalls der Beiwohnung nicht völlig abgeneigt, meine Mutter auf ihn wartete. Vor dem Haus lag ein kleiner Stein, den mein Vater in einer selbst für ihn seltenen Form von hoher Ausdruckslaune ziemlich forsch wegkickte. Das waren die Iden des März, denn ohne seine kräftige Bewegung der Hüfte würde die Besamungstrommel nicht in Unwucht geraten sein, und Cäsar selbst wäre im Beischlafbingo statt meiner ins Licht der Welt getreten. Ich wurde zwar am 24. Dezember 1930 geboren, aber dennoch bin ich nicht der Weihnachtsmann, noch glaube ich an ihn. Das war mein Leben, das war mein Problem."

Es ist ein grundsätzliches Problem. Wir würden uns im Humoristischen verlieren, wenn wir ausrechnen wollten, welche Ejakulationsziffern auf 50 Liter Sperma im Lauf eines gesunden Manneslebens in Rechnung gelangten, diese mit einer durchschnittlichen Ergussmenge (die ja sekretmäßig als Flüssigkeit durchaus überschaubar bleibt) von 20 Millionen *genetisch unterschiedlicher* Spermien multiplizierten und jene an sich schon krankhaft hohe Zahl wiederum mit jener der Ovarien (ihrer Lage und Beschaffenheit) in eine sinnhafte Beziehung setzten; wir wollen lediglich den empirischen Grenzfall jeglicher Existenz durch die Tatsache verdeutlichen, dass es ja wohl auch einen ähnlich grenzwertigen Vater gegeben haben muss, der seinerseits von einem nicht minder windigen Affen abstammt, der letztlich wiederum einem hochstaplerischen Lurch sein Dasein verdankt, wobei sich alle Teilnehmer natürlich gut verproviantiert halten mussten und peinlich genau darauf zu achten hatten, nicht ihrerseits als Nahrungsmittel im großen Selbstbedienungsrestaurant, dem Bioladen „Natur", vor ihrem großen Auftritt, nämlich der Zeugung, irgendwie – etwa in Form eines Frühstücks – unpässlich geworden zu sein. Wir können uns also gut vorstellen, dass Vater, Affe und Lurch *nur Träger einer Information sind,* also gleichsam die herausgerammelte Biomasse, das Fleisch vom eigenen Fleische (mit allen genetischen Eigenschaften, die dann unabweisbar werden), und dass *die Information als An/Aus-Modus ihrerseits nicht natural ist.* Damit hätte Jesus mit seinem Satz „Wer Vater oder Mutter mehr liebt denn mich, ist mein nicht wert" (Mt. 10,37) sogar recht. Sein scharf *antigenealogischer Affekt* (Sloterdijk), der an einigen Stellen des Neuen Testaments deutlich genug durchbricht – etwa wenn er seine Mutter mit dem schnöden „Weib, was habe ich mit dir zu tun" (Joh. 2,4) doch einigermaßen lieblos abkanzelt –, dieser Affekt also wäre letztlich nichts anderes als die reine, aber unbegriffene Wahrheit. Und auch der Heilige Geist, der sich bislang im Schlafzimmerschrank versteckt halten musste, könnte – in *dieser* Perspektive gesehen – gleichsam als Latin Lover hervortreten. Wir möchten nun nicht schlankweg behaupten, dass es so ist, aber es *könnte* so sein, was zumindest die Dinge (spieltheoretisch) insofern sehr vereinfachen würde, als dass ein Träger immer ein lebender Träger, aber nicht der *Impulsgeber* sein muss.

Zudem wäre jede konkrete Existenz einer ethischen Peinlichkeit enthoben, die sie in ihrer praktischen Faulheit zumeist nicht sieht. Denn jedes Leben, das sich als schön, glücklich und stimmig betrachtet, ruht ja auf einem Raum-Zeit-Kontinuum, *das sich exakt so und kein*

Gran anders dargestellt haben *muss,* um diese besondere Existenz zu ermöglichen, was sie auf der empirischen und stoffhuberischen Ebene (die wir nicht teilen) in die ethische Verlegenheit bringt, sämtliche Kapitalverbrechen etwa des 20. Jahrhunderts *implizit* begrüßen zu müssen, weil anders diese besondere Existenz, die sich so schön und maienfrisch dünkt, überhaupt nicht vorhanden wäre, ein Gedanke, den Nietzsche in seiner mitunter pennälerhaften Metaphysik nicht vergisst breit auszumalen.

Wir möchten also einen Gegenvorschlag unterbreiten: Vergesst den Lurch und auch den Computer und vor allem die großen Zahlen. Wir nennen stattdessen nur zwei Ziffern: die Null und die Eins. An/Aus – ein einfacher metaphysischer Binärcode. Formal gesehen. Mit allerdings milliardenfachen Überlagerungszuständen, empirisch gesehen. Gäbe es einen Binärcode, dann gäbe es natürlich nicht nur die Welt. Wir gehen mittlerweile mit einiger Geläufigkeit von dieser Annahme aus, ja wir gehen sogar noch weiter, nämlich *dass sich anders die Welt noch nicht einmal denken lässt, ohne mit diesen zwei Zuständen zu operieren, nämlich die Welt und dieses Andere, nämlich Z 1 und Z 2, wobei wir den Zustand Z 2 als den wesentlich höheren Zustand betrachten, als Potentialität derart, dass das, was uns als Möglichkeit erscheint, eine faktisch andere Wirklichkeit ist und unsere Wirklichkeit wiederum ein ihr möglicher Modus. Wir benennen hier also eine Art Vertikalstruktur (sofern man räumlich denken möchte), wir also (in diesem Bild) gehalten sind in die Welt und genau dadurch zugleich diese Welt wiederum halten. Das heißt: eine Denk- und Handlungsstruktur zuweisen, die einigermaßen verbindlich für ihre Zeit ist, also haltend im Halten gehalten sind.* Eine übrigens ziemlich coole Struktur, wie wir finden. Sagen wir es so: keine Welt ohne Welt. Keine Welt ohne Dialektik. Keine Dialektik ohne die Zwei. Die Eins, sie mag sehr schön sein, aber sie ist doch ziemlich einsam, die Eins, und so überaus hell, dass niemand sie sieht, so schön sie auch sein mag.

Super-Mario und der Zauberer.

Nehmen wir der Einfachheit halber einmal gedankenexperimentell an, Z 2 *müsse* (aus welchen Gründen auch immer) Z 1 im Spiel halten, sich selbst (wieso, wissen wir nicht) aber *verschleiern*. Klar wäre es für Z 2 besser, *mehrere Terme* zu unterhalten (also T 3, T 4 und so weiter), denn dann wären die Operationen von Z 1 aus *völlig* unerkennbar. Aber Z 2 besitzt nur zwei Terme, eben T 1 (also faktisch: Z 1, unsere Wirklichkeit) und T 2 (also: Z 2, was wir als höhere Möglichkeit begreifen). Also wird Z 2 diese *formale Armut* (es verfügt nur über die beiden Operationsfelder T 1 und T 2) inhaltlich zu *überspielen* versuchen und mit *realen*, hier nun: *materialen* Reizen – deutlicher gesagt: mit den *brutalsten Kontrastassoziationen* – keineswegs zu sparen aufgelegt sein.

Das heißt: Z 2 *fackelt einen gewaltigen Budenzauber ab.* Und zwar mit Planeten, die wahlweise heiß wie Frittenfett oder kalt wie Frauen nach dem Klimakterium sind. Uns beeindruckt das aber wenig. Denn zwangsläufig *muss* er das auch, möchten wir kühl entgegnen, denn Z 2 hat ja *formal* wenig genug zu bieten. Wir unterstellen, dass Z 2 *inhaltlich, also materialiter* einiges vermag. Wer aber aus einer Planck-Welt ein Universum von 13,83 Milliarden Lichtjahren (vermutlich ist es ja in den letzten Tagen gewachsen) hervorzubringen vermag, vermag für *unsere* Begriffe so nahezu alles.

Wir sind in letzter Zeit grundsätzlich etwas misstrauisch geworden und auch irgendwie nicht länger geneigt, uns an die *Spielregeln* zu halten. Wir sagen mit Ernst Jünger: Vielleicht „ist es dieselbe Macht, die von uns Eide abfordert und selbst von Eidbrüchen lebt" (Der Waldgang). Jünger meint das *hier* natürlich *politisch*, wo der Satz *noch* plastischer, fast schon selbsterklärend wird. Wir sagen also: Zeit, Raum, Kausalität, schön, schön, aber vielleicht bietet uns Z 2 diese *Anschauungsformen* (Kausalität ist, verkürzt gesagt, eine *halbe* Anschauungsform, Kant) an, weil Z 2 *weder zeitlich noch räumlich noch kausal verfasst ist.* Würden wir Z 2 glatt zutrauen. Er *muss* mit einer kompletten Vertauschung der Operatoren arbeiten, sonst wäre die Nummer ja hochgradig *durchsichtig.* Wir sprachen bekanntlich von einem Zaubertrick.

Als Erstes bietet uns der Zauberer die *Zeit* an. Nämlich als *Strom der Zeit* mit seinen Tempi: Vergangenheit – Gegenwart – Zukunft. Die Veränderung auf dieser Achse ist unsere persönliche Perspektive, unser sehr reales Gefühl. Wir sind aber schon einigermaßen skeptisch und sagen: Vielleicht *fließt* sie gar nicht, die allseits beliebte Zeit, vielleicht ist *das* schon der Einsteiger-Trick. Vielleicht ist unsere Trennung in Vergangenheit, Gegenwart und Zukunft nur eine Illusion, „allerdings eine hartnäckige Illusion" (Einstein), und wir haben es überhaupt nicht mit einem kontinuierlichen Fluss, sondern mit der Abfolge einzelner unterschiedlich langer und unterschiedlich intensiver *Momente* zu tun (was uns übrigens erstmals beim Fußballspielen auffiel, nämlich bei einem unglücklichen Sturz, der uns mitsamt einem in uns verkeilten, bulligen Gegenspieler hoch unglücklich zu Boden beförderte und einen schweren Ellbogenbruch nach sich zog. Ein Sturz, der wenige physikalische Sekunden gedauert haben mag und uns wie in *Super-slow-mo* stundenlang zu dauern schien). Man könnte sich also vorstellen, dass das *Jetzt, also der Augenblick,* den wir uns auf einer Art *Jetztscheibe* (ein Ausdruck, den wir Brian Green verdanken) bequem räumlich verteilt denken (so, dass A in Berlin-Dahlem beim Fußball stürzt, während B in Peru ein Glas Wasser trinkt und in C ein Sack Reis umfällt), in Wahrheit eine *sehr unterschiedliche und vor allem: schräg geschnittene Scheibe ist.* Ja, wir wären *enttäuscht genug* („mugged by reality"), uns zumindest vorstellen zu wollen, dass *alle* Momente und Augenblicke in einem – allerdings *sehr* hohen – Augenblick **zusammenfallen.**

Auch bekommen wir zunehmend Probleme mit dieser *halbgaren Kausalität.* Wir fühlen uns, je älter wir werden, von dieser Kausalität, sagen wir es deutlich: *gefickt.* Wir könnten unseren Unmut *noch* deutlicher ausdrücken, indem wir darstellen würden, *wo genau* dieser

Vorgang stattfindet, aber wir wollen es bei einem einfachen *gefickt* belassen. Geradezu grauenhaft, wie die *Komplexität* uns überall angeht (eine Zudringlichkeit, die man in der Jugend überhaupt nicht kennt), so dass man mit dem Arsch genau das einreißt, was man mit den Händen aufgebaut zu haben glaubte, und dies vermittels *der persönlichen Entropie des eigenen Lebens*, die, wie jede Kausalität, klein angefangen hat und uns jetzt umzubringen droht. Zudringlichkeiten, also entropische Verhältnisse, sind – unserer Meinung nach – nichts anderes als *praktische Kausalität*. Kurz gesagt: Die Dinge verkrauten irgendwann, werden baalartig, kalt und „zeigen ihre luderhafte Seite" (Sloterdijk). Shoppen und Ficken. Wer A sagt, muss auch B sagen, *genau das* ist *ja der Trick*, nämlich der *Terror des Realen* (Goethe, Faust: „Das Erste steht uns frei, beim Zweiten sind wir Knechte"), eine exquisit *kausale Struktur*, die erst einmal durch eine kackfreche *Setzung* (also ein *nicht-kausales Ereignis*) begonnen hat, nämlich in der sogenannten Singularität, dem noch sogenannteren Urknall, der, aufs Praktische gesehen, die gesamte Höllenmaschine erst in Gang gebracht hat. Der irre kosmologische Zustand mit seinen milliardenfachen Galaxien und ihrem binnengalaktischen Zipp und Zapp war nämlich zunächst überaus ordentlich und durchaus überschaubar, ja, wie wir sagen möchten, vermutlich: *akausal*. Was man, wenn man die Entwicklung des Universums gleichsam filmartig rückwärts laufen ließe, auch völlig problemlos erkennen würde. Wir müssen uns aber den ganzen Film gar nicht anschauen, denn es **kann** überhaupt nicht anders sein, und persönlich hätten wir auch kein Interesse, auf die Rewind-Taste zu drücken, denn wir wollten den ganzen tragikomischen Streifen *auf gar keinen Fall noch einmal erleben*. Weder mit dem Wissen von heute noch überhaupt. *Auf gar keinen Fall!*

Auch der Raum (gegen den wir eine uns selbst nicht einsichtige, *sehr starke Antipathie* haben) könnte vielleicht gar nicht so lieschenmüllerartig sein, wie er sich gibt. Denn zunächst einmal stehen nicht nur *Dinge im Raum* herum, sondern vor allem *Raum in den Dingen*. Würde man sämtlichen atomaren Zwischenraum beseitigen, also allen leeren Raum, der in einem Objekt, wie, sagen wir, dem Reichstag (also dem Sitz des Bundestags) besteht, würde er auf die Größe eines Reiskorns schrumpfen, eines allerdings sehr schweren Reiskorns, das massemäßig und vor lauter Gewicht einmal direkt durch die Erde rauschen würde. Der Raum ist also nicht nur der newtonsche Behälter, gewissermaßen die leere Bühne, auf dem die Objekte wie kleine Schauspieler herumstehen; er verbindet sich, so Einstein, mit der Zeit zu einem Raum-Zeit-Gewebe, das sich – in etwa wie ein Kissen – durch die Anwesenheit von Objekten krümmt und entlang dessen *Wölbung* nun wiederum andere Objekte rollen, also rotieren. Eine naheliegende Idee, denn ansonsten müsste der Mond etwa von der Erde durch eine Art von Lasso gehalten werden. Das ist der zweite Aspekt.

Der dritte Aspekt sind die sogenannten Higgs-Felder *des Raumes selbst,* also des vorgeblich *leeren* Raumes, in dessen Durchlauf manche Elementarteilchen dick wie Marlon Brando werden, andere hingegen spillerig und schmal bleiben wie ein Bulimie-Sternchen aus gewissen Castingshows. Der letzte Aspekt des Raumes (und deshalb *hassen* wir den Raum ganz grundsätzlich) besteht darin, dass es ihn – von einer sehr abstrakten Position aus gesehen – überhaupt nicht gibt. Denn so, wie es auf der *physikalischen Ebene vier Dimensionen gibt,* auf der *praktischen Ebene drei*, könnten es auf der *metaphysischen Ebene nur zwei Dimensionen sein*, was natürlich hieße, dass die Wirklichkeit eine Art dreidimensionales Hologramm einer Information ist, die zweidimensional abgespeichert ist. Gleichsam so, als würde man Licht durch ein Dia schießen, das in seiner *Projektion den Eindruck des Räumlichen vermittelt.*

Ernst Jünger, der in seinem Alterswerk *Siebzig Verweht* den einen oder anderen kuriosen Gedanken ventiliert, wenn er nicht gerade *Gras* raucht oder beim gedankenverlorenen Käfersammeln von einem homosexuellen Pärchen Schläge angedroht bekommt, meint unter dem 15.März 1988: „Gedanke: Ob wir noch anderswo als in unserer Haut (gespeichert) sind? Ich denke an eine Art Mikrofilm im Universum – er wurde bei unserer Geburt, besser noch bei unserer Zeugung dem Archiv entnommen und eingespult" (Siebzig Verweht IV). Ziemlich abwegig. In etwa so abwegig wie die mathematischen Berechnungen der Astrophysik, wonach eine *völlige, also atomare Zerstörung von irgendeinem Objekt, also auch eines Subjekts, das ja auch* auf **dieser** *Ebene nichts anderes als ein Objekt ist* (ein Vorgang, für den Schwarze Löcher berüchtigt sind) *so und nur so stattfinden kann*, dass *zuvor* eine *Kopie aller Informationen des Objekts* (und ihrer darin enthaltenen Daten) am Rand dieses Schwarzen Lochs *vollständig gespeichert* wird. So dass – in einer Art Sicherungskopie – das Objekt jederzeit wieder zusammengefügt werden könnte. Was letztlich nichts anderes hieße als dies, dass die *reale Existenz* eines Dinges und *auf* **dieser** *Ebene auch des realen Subjekts nur* eine zweithändige Eigenschaft sei (ein Gedanke, den übrigens schon Kant anklingen lässt), was natürlich die Kategorie des Möglichen *enorm stark* machen würde.

Was wollen wir damit sagen? Was wollen wir letztlich überhaupt noch sagen? Es ist recht einfach: Die Sache riecht, und zwar so streng, dass sie wieder angenehm wird. Denn wenn hier *grundsätzlich* mit Kontrastassoziationen gearbeitet würde, dann könnte man das Sein auch an den Eiern packen, denn ein Kontraindikator ist letztlich genau so gut wie ein Indikator selbst, man muss nur und immer das Gegenteil dessen annehmen, was uns angeboten wird. Es ist in etwa so wie mit einem alerten Heiratsschwindler: Wenn er uns sagt, er liebe uns, und das Geld sei ihm egal, dann wissen wir, dass er unser Geld liebt und wir ihm egal sind. So etwas sind werthaltige Informationen.

Wir sagen also, vorsichtig genug: **Die Zustände Z 1 und Z 2 könnten formal einen Binärcode bilden, bei dem sich alle Anschauungen vermutlich um die eigene Achse** **spiegeln**, eine Art Spielschrift also, in der sich die Negative Dialektik (Adorno) eines jeden Lebens vorzeichenverkehrt chiffriert und somit paradoxerweise rettend verkapselt hält, was natürlich ex negativo extrem viele Bestimmungen von Z 2 erlauben müsste, die wir hier aber keineswegs unternehmen wollen. Zum einen, weil wir keine Dorfpfarrer sind, zum anderen aber, weil dieses *Modell* nur gedankenähnlich daherkommt und wir uns nicht in einem *philosophischen Spiegelstadium* verlieren möchten, derart, dass man sagen würde: Wenn das Schöne nichts anderes als des Schrecklichen Anfang ist (Rilke) und wir das Schöne auf dieser Ebene als das Leben bezeichnen wollen, dann müsste ja das Schreckliche, nämlich der Tod, wiederum nichts anderes als des Schönen Anfang sein, müßige Betrachtungen also, gefährliche Betrachtungen vor allem, die uns auch extrem lebensabweisend erscheinen und bestenfalls eine formale Struktur von weitem anzugeben befähigt sind, deshalb und *genau* deshalb halten wir uns mit näheren Ausführungen zurück.

Allerdings hat nicht nur jedes Licht seinen Schatten, sondern jeder Schatten auch zwingend sein Licht. Könnte man zumindest einmal annehmen. In seiner vagen und völlig unbestimmten und namentlich zukunftsklammen Version ist diese implizite Dialektik nicht unbekannt. Wir sprachen von Adorno. Wir könnten genauso gut von Hölderlin sprechen: „Wo aber Gefahr ist, wächst/Das Rettende auch." Frei mit dem jungen Bloch gesprochen: Wenn wir schon sterben, dann können wir auch aufsteigen. Oder mit Moe Szyslak gesagt: Wenn ich schon kämpfen muss, dann kann ich auch gleich siegen.

Wir wollen hier nicht die „hohlen Nüsse des Tiefsinns knacken" (Hegel), glauben allerdings ziemlich nachdrücklich, dass *diese* Nuss einige Überraschungen bergen könnte, aber wir möchten hier nicht weiter spekulieren, sondern letztlich nur – und wie zwischen den Zähnen gesprochen – zum Ausdruck bringen, dass wir als Kellner des Seins dem Koch deutlich näher sind als er, der Koch, vermeint, und dass nicht nur *er*, sondern auch *wir* uns im *cold reading*, zumindest teilweise, durchaus verstehen. *Nur darum ging es uns.*

Die transzendentale Einheit der Apperzeption.

Schwierige Wendung. Muss man zugeben. Aber wissen Sie, Madame, einmalig waren wir *alle*. Tranken Sekt aus ungespülten Römern und dachten, die Zeit halte still. Klar tanzten wir auf den Tischen – *Shareef don't like it* –, klar, gab immer Heidenärger, *Rockin' the Casbah*. Jung waren wir übrigens auch. Sollte man erst einmal gar nicht glauben. Doch, doch – Sie sind es ja noch. Und werden es immer bleiben, bis Ihnen selbst Greise jung vorkommen. Klarer Fall! Wissen Sie: Nahezu jeder war verliebt in Paris. Jeder streckte seine Zunge heraus, wenn es schneite. Oder seine Finger in die Erde, um zu riechen, wie die Welt riecht. Schweinkram? Nee, Kierkegaard! Das ist alles nichts Besonderes, selbst dann nicht, wenn es, wie jetzt, in hoher Jammerblüte steht. Ach. Nee.

Wir beide sollten uns hier nicht zulabern. Es rollen die Himmel, wir rollen mit. Montaigne. Lassen Sie es gut sein. Ach, Seychellen, nee, Seychellen, wirklich Seychellen. Große Welt. Geschenkt. Was aber ist die Welt, das ist die Frage! Oder anders gesagt: Wie kommt die Welt in die Welt? Hand aufs Herz, Madame, dürfen wir von einem Ich sprechen? Was? 55? Sie sehen bestenfalls aus wie Anfang 30, höchstens Mitte 30! Kann man so sagen. Nee. Man *muss* es sogar. Aber nicht von Ihnen, nicht von Ihrem persönlichen Ich und auch nicht von Ihrem so sichtsatt summierenden Ich, sondern von dem Ich als Zentralkomitee ist hier zum Spaß nur die Rede, dem Ich als Funktion.

Sex und Seychellen, Schnee auf der Zunge und die Sommernächte in Paris, alles schön und gut, aber was hält den ganzen Lebensscheiß zusammen? Nee, innerlich! Immer nur innerlich. Von außen 17, bestenfalls: 18! Wer sagt, dass Sie Sie sind? Wer spricht hier leichthin vom Ich und so obenhin von der Welt? Ach, Hegel, der alte Hirnficker. Kennen Sie übrigens einen guten Hegel-Witz? Hegel, nach endlosen Darlegungen gefragt: *Gibt es nun Gott, ja oder nein?* antwortet: Die Wahrheit liegt wie immer in der Mitte. Klar, Selbstironie.

Verstehen Sie, Madame, 55 Jahre, ungeheure Synthesen, gestorbener Glanz, sublimes Gewese und Gefühlsüppigkeit. Ein *ganzes* Leben, ein *ganzes* Universum, denken Sie an ihre Seele, Sie schöne Seele, junge Frau. Gut, klar, verstehe: die Psyche also. Kennen Sie übrigens die drei besten Phrasen? Nee: *gut – klar – verstehe*. In *dieser* Reihenfolge. *Verstehe* ist die unschlagbar beste, denn man täuscht ein Verständnis vor, das man überhaupt nicht zu vollziehen beabsichtigt. Gut, was? Nee, gut, klar, verstehe, war nur so gesagt.

Aha. Aha. Aha. Die Psyche. Und wer hält den Laden zusammen? Aha. Aha. Das Über-Ich. Hätte man auch selbst drauf kommen können. Die ältesten Freunde vergisst man. Natürlich – das Über-Ich, die alte Gouvernante. Leck mich am Arsch – wenn das nicht das alte Über-Ich ist. Aha. Gut, klar, verstehe. Aber hat das Über-Ich überhaupt eine *synthetisierende* Funktion? Klar, man kann sich selbst zur Sau machen, also objektivierend ist es schon, das Über-Ich. Ist es aber auch *zusammenhaltend*? Schauen Sie: Mal waren Sie psychisch so und dann wieder so und doch glauben Sie doch von *einer* Person zu sprechen.

Übrigens gut so, denn sonst wären Sie verrückt. Ihr Leben – ein einziger Wandel, *alles schwankt*, sagt Montaigne, selbst die Pyramiden schwanken, sagt er, aber Sie sind noch da, also *seinsmäßig* da, nahezu unverbraucht, nee, äußerlich sowieso, nee, klar, verstehe, aber auch *ontologisch* da, in einer geradezu ursprünglichen, in einer **ständig ganzen Struktur** stehen Sie da und mit Ihnen auch die Welt – wie kommt das? Ja, ja, Seychellen, Paris, Seychellen, schön, schön, und heute, heute: was? Kleinwas? Molchow? Darf man eine Stadt überhaupt so nennen? Klingt wie ein kleiner Lurch. Gut, klar, verstanden. Nee, wirklich. Echt nicht. Aber Sie halten sich durch, sei es in Paris, sei es in dieser Lurchenstadt. Sie sind anders und anders und anders und völlig anders, aber irgendwie doch wieder Sie selbst. Nee, mit Leben und Denken hat das nichts zu tun. Oder *letztlich* nichts. Gut, klar, Sie denken immer nach. Klar. Über Ihr Leben. Ist gar nicht in Abrede zu stellen.

Aha. Leben und Denken. Verstehe. Aber wenn Ihr Denken über Ihr Denken denken würde, dann wäre das, entschuldigen Sie das harte Wort: ein *Zirkel*. Nee, wirklich: ein Zirkel, eine Tautologie. Sie kämen nicht heraus. Zwar gerne auf die Seychellen, aber nicht wirklich heraus. Ach, Hegel, der alte Hühnerficker, die Selbstreflexion. Gut. Das Selbst denkt sich selbst. Viel Spaß. Nee, man braucht eine Grundierung, *ein sehr starkes Gefühl*, eine intuitive, allerdings auch konstitutive, kaum noch denkbare Evidenz. Ein Verständnis, in dem sich das Verständnis hält, reden wir deutlich: *einen Sinn*, der keineswegs selbst in den Blick geraten muss. Wenn man es überhaupt so sagen kann: *ein formales Gefühl, ein präreflexives Gefühl, ein Gefühl, das Form ist, eine Form, die fühlt, also, um es blöde genug auszudrücken: eine gefühlige Form*. Doch, doch, die braucht man durchaus, diese **gefühlige Form**. Vielleicht ist die Substanz des Subjekts nichts anderes als die Existenz und die Existenz wiederum *viel mehr* als die Realität. Und irgendetwas, das für beides gleichsam *einsteht*. Darf man so indiskret sein, von einer *Seele zu* sprechen? Nee, nee – die kann auch ungeflügelt sein. Klar, verstehe, klingt wirklich kompliziert, diese *transzendentale Einheit der Apperzeption*. Schwierige Wendung. Muss man zugeben.

Die hohe Zeit.

Jeder, der genügend Geschichten gehört hat, auch und gerade naturwissenschaftliche Geschichten, wird zwangsläufig Platoniker (oder, wie hier: Hilfsplatoniker). Ob er es will oder nicht. Es ist offenbar das Gesetz des zureichenden Geredes. *Stories only exist in stories.* Alle Geschichten verlieren sich in der Vergangenheit und damit in einem weihevollen Kausalitätsbrei mit ihren „erfundenen Traditionen" (Hobsbawm). Die Vergangenheit hat also ein strukturelles Glaubwürdigkeitsproblem. Zum einen – und das ist nur der absolut augenfällige Aspekt – ist jede Geschichte eine perspektivische Konstruktion, sie ist interesse- und willensgeleitet und, besonders unschön, ichfunktional aufgepimpt. Fakten werden ausgeschlossen, Fakten neu zentriert, wenn sie nicht gleich ganz erfunden werden. Jeder ist Privatmythologe in eigener Sache. Fast schon seine eigene Produktlinie. Vielen Dank, wir kaufen nichts. Das ist alles mittlerweile sehr fadenscheinig und nahezu durchsichtig geworden; so fühlt man Absicht und man ist verstimmt (Goethe).

Das ist allerdings ein absolut vordergründiger Aspekt. Die, wenn man so sagen darf, mittlere Ebene unseres Unwohlseins besteht darin, dass mehr oder weniger beliebige Zuschreibungen vorgenommen werden können. Und das in Ausrichtung auf den aktuellen Diskurs, von dem wir wissen, dass er nichts anderes als *das Sprachspiel der Macht* selber *ist, also* auf den *jeweils kurrenten Regionalirrsinn,* die durchaus nicht uneigennützig herbeigewobenen, trockennebelartigen Illusionen des Heutzutagigen, also des zeitlichen *On-Dit,* notwendig zwar, interesseartig auch, aber eben auch irre, kurz: der vielzitierte Angriff der Gegenwart auf die übrige Zeit. Wir sehen in dieser Form der Betrachtung selbst (Form heißt: Es ist keine besondere Absicht nötig) nie ihre je eigene *Offenheit* und somit stets aus einer Zeit hinein, die grundsätzlich nicht *ihre* Zeit ist, jene Zeit, in der Dinge unverblüht im hohen Flor standen und so, bequem und retrospektiv, mit diesen Dingen die Inhalte wechseln und mit den Inhalten die Wertungen und mit den Wertungen die Form und mit der Form das Narrativ. Wir kennen zur Genüge das müde historische Mantra, wir erkennen es bereits an seinem scheppernden Genäsel. Nirgendwo ein starker Ton. Ein klarer Klang. Von Melodie wollen wir gar nicht erst reden.

Es stört uns also sehr, dass Geschichten prinzipiell vom Ende her, genauer: vom jeweils neuen Ende her, streng genommen: vom endlosen Ende her erzählt werden und nicht in ihrem *eigenen Licht* stehen. Aber das eigentliche Problem ist ein anderes: Gestern und Morgen sind keine Tempi der Zeit. Gut, das sind sie *auch,* vor allem sind sie keine

Kategorien der *Offenheit* selbst. Das ist ein *bedeutender Unterschied.* Das Geheimnis der Zeit ist die Gegenwart und „Zukunft und Vergangenheit sind nur die volkstümliche Art sich zu offenbaren" (Thomas Mann). Nur das **Jetzt** steht in der **Offenheit** und damit zugleich im Geheimnis und ist ontologisch gesehen die wesentlich Werthaltigere, ja, eine *völlig andere Form.* Das Jetzt ist immer der Modus des „punktuellen Durchbruchs" (Walter Benjamin). Man kann nur im Jetzt sterben, und den Tod definieren wir als Ereignis, das alle Ereignisse beendet, „a story to end all stories". Das Jetzt ist per definitionem immer die „schwebende Gnadenmitte", deshalb steht das Jetzt auch grundsätzlich im Geheimnis (des Seins) und ist immer das **hohe Jetzt** und unterscheidet sich ontologisch vom Gestern und Morgen als den Tempi der Zeit, zu denen es – praktisch gesehen – natürlich auch zählt.

Von daher ist auch das neomarxistische Gemosere über die angebliche „Ursprungshuberei der Metaphysik" (Habermas), eines ihrer klassischen Standardargumente, einigermaßen gegenstandslos. Denn es unterstellt der Metaphysik aus eigener Blödheit und somit reiner Bösartigkeit eine grundfalsche und vor allem reaktionäre Struktur, derart nämlich, dass ihr früher alles besser erschien, zunächst beim Führer, dann im Kaiserreich bis hinunter zu Kaiser Barbarossa, bevor ihm der Bart durch den Tisch gewachsen ist und es ihr nun gelte, irgendein Urereignis zu beschwören, dass man sich – wir wissen gar nicht, wie – als den Auftritt Godzillas oder *King Kong in Flip-Flops* (Max Goldt) vorzustellen habe. Das ist nicht nur lächerlich, sondern auch deshalb ein falscher Gedanke, weil es eine Verräumlichung des Zeitbegriffs mitdenkt, den ansonsten keiner teilt. Wir sprachen ja ausdrücklich von den Modi der Zeit und davon, dass *nur die Präsenz* im Geheimnis steht und unterstellen ihr in der Tat eine intelligible Struktur, der wir in der körperlosen Gegenwart die Qualität des Seins zusprechen möchten. Wenn Habermas hier etwas schnippisch, ja geradezu gouvernantenhaft von „Präsenzmetaphysik" spricht, hat er sogar recht. *Das Sein ist präsent.* Notwendigerweise, wollen wir nur noch ergänzen. Würden

wir die *extrem abgründige* Struktur des Jetzt begreifen, wäre *extrem*
viel gewonnen.

Jetzt zieht Leutnant Jünger seinen Mantel aus.

Ernst Jüngers erste und zugleich auch bekannteste Arbeit *In Stahlgewittern* (1920) ist ein ziemlich banales und *zugleich* magisches Buch.
Genau *diese Magie* hat schon wesentlich größere Geister – wir nennen
nur Borges, den es erst zum Schreiben brachte – ziemlich fasziniert.
Das Buch schildert die Geschichte eines gewissen Ernst Jünger, der als
Kriegsfreiwilliger in den Ersten Weltkrieg zieht und ihn als höchst-
dekorierter Pour-le-Mérite-Träger verlässt (die anderen Orden, EK I
und den damals offensichtlich nicht völlig unbegehrten Königlichen
Hausorden von Hohenzollern, hat er natürlich auch, andere Orden, die
für den Autor nur bessere Teilnahmebestätigungen sind, verschweigt er
uns). Unschön an den *Stahlgewittern* ist der teils sehr kolportageartige
Erzählstil, der mitunter schon ins Landserheftchenartige geht. Auch
können die tausendfachen Details, welches Regiment wann weshalb
wohin geschoben wurde, nur echte WK-I-Freaks begeistern. Hochgradig erstaunlich allerdings sind die vielen *Magic Moments* in dieser
letztlich kruden Kampagne, in deren Verlauf Ernst Jünger extrem
häufig (wir haben vergessen, wie oft) und vor allem: ziemlich lebensge-
fährlich verletzt wird. Wir möchten also bedenkenlos annehmen, dass
Ernst Jünger einiges zum Schmerz mitzuteilen hat, und dies profunder
als irgendwer, den wir sonst ausmachen können. Denn im Gegensatz
zu Neurologen etwa, erlebt er die *Innenseite des Schmerzes*, man kann
sagen: seine *Phänomenologie*, und sie ist es, die uns letztlich auch nur
interessiert.

    21. März 1918, die (selbstverständlich: *immer*) letzte und (vermeint-
lich) entscheidende Offensive an der Westfront (*Ludendorff-Offensive*)
beginnt. Natürlich ist Ernst Jünger an vorderster Front mit dabei.

Nach kurzer Artillerie-Vorbereitung stürmt seine Kompanie aus dem Graben, was man sich gar nicht unangenehm genug vorstellen kann, und rennt auf den gegnerischen Frontabschnitt zu, wobei natürlich sofort ein schwerer Schusswechsel einsetzt:

„Mir war glühend heiß. Ich riss den Mantel herunter und schleuderte ihn fort. Ich weiß noch, dass ich einige Mal sehr energisch rief: *Jetzt zieht Leutnant Jünger seinen Mantel aus‘*, und die Füsiliere lachten dazu, als ob ich den köstlichsten Witz gemacht hätte." Der Witz, so können wir sagen, besteht offenbar darin, *dass er sich selbst objektiviert.* Leutnant Ernst Jünger sieht sich selbst als ein *Anderer*. Nämlich als *Er*, was, wir können hier allerdings nicht befugt mitreden, in der Nähe des Todes keineswegs völlig unüblich sein soll.

Das mag vielleicht nun überraschend und irgendwie mordsmystisch klingen, aber wir sind ja *immer doppelt* da, erstens als Leib, „auf dem wir so doppelzüngig wohnen" (Benn), und zweitens in der Imagination, im Selbstbild, also gleichsam „Doppelgänger unserer selbst" (Sloterdijk), was auch der sprödeste Faktenmensch feststellen muss, nämlich dann, wenn er sich „unvorteilhaft" betrachtet oder präsentiert fühlt. Allein die Frage, ob wir Doppelgänger *ohne Original* sind, ist mystisch. Sie wird aber beantwortet werden.

Ernst Jünger jedenfalls stürmt nun – zwischen gefallenen Kameraden – den gegnerischen Graben, sieht einen englischen Offizier kauernd und bibbernd vor Entsetzen auf dem Boden sitzen, es ist vermutlich kein anderer als jener Grabenkommandeur, der das feindliche Feuer befohlen hat. Jünger hält ihm in hoher Mordlaune seine Waffe vor, der englische Offizier wiederum greift in blanker Todesangst in seine Tasche, zieht aber (für ihn glücklicherweise) keine Pistole hervor, sondern *ein Bild seiner selbst*, das ihn in schöneren Tagen im Kreis von Kindern und Frau zeigt (ziemlich schlau, wie wir finden); Ernst Jünger erschießt ihn also nicht, zieht weiter durch den feindlichen Graben, lobt sich, etwas selbstgerecht, seines mantischen Geschicks, das für ihn *genau* darin besteht, den anderen *nicht* getötet zu haben. Denn *nur so* könne er – Ernst Jünger selbst – die Heimat wiedersehen, *anders auf gar keinen Fall,* eine magisch nicht unbedeutende Folgerung. Allerdings dauern diese Betrachtungen auch nicht allzu lange, denn nun wird er selbst mit einem „scharfen Schlag" an der linken Brustseite verwundet: „Ich glaubte, ins Herz getroffen zu sein, doch empfand ich bei der Erwartung des Todes weder Schmerz noch Angst. Im Stürzen sah ich die weißen, glatten Kiesel im Lehm der Straße; ihre Anordnung war sinnvoll, notwendig wie die Sterne und verkündeten große Geheimnisse. Das war vertraut und wichtiger als das Gemetzel, das mich umgab."

Oha: Raumverlust, mystisches Erleben, Transzendenz und die Anamnesis („war vertraut") ist auch nicht mehr weit. Redensarten, magisches Getue, *Soldatenschnack,* kann man sagen. Jünger, der Obergockel. *Ernst Jünger schreibt ihr Leben* (so der Titel eines Aufsatzes eines schweren Anti-Jünger-Pamphlets aus den 60er Jahren, mit bekannten Autoren wie Sombart, Bazon Brock und Handke). Kann alles durchaus sein. Wir waren nicht dabei. Und bleiben somit die Skepsis selbst. Phänomenologisch ist allerdings eine *Reihe von Dingen* überaus interessant. Wir wollen sie hier nicht im Einzelnen besprechen, sondern halten zunächst einmal fest, dass unser Held offenbar aus gleich *mehreren Rahmungen, wir können auch sagen: Räumen,* gefallen ist.

Alltag und Aura.

Slavoj Zizek (neben Peter Sloterdijk der vielleicht bedeutendste lebende Philosoph) schreibt in der Nachfolge Lacans, *dass die normale, erlebbare Wirklichkeit ihrerseits vor allem eines ist: ein hochgradig imaginärer, symbolisch geframter Prozess.* Man müsste nun schon richtig irre sein, wenn man diesen Befund, der sich täglich *offenbart,* nämlich: in der Täuschung, anzweifeln wollte. Mit anderen Worten: Wir glauben dem Obergockel Ernst Jünger natürlich *kein* Wort, aber dafür Slavoj Zizek, und das mit einigem philosophischem Recht. Wenn also die Wirklichkeit ein hochgradig *gerahmter Vorgang ist*, dann müssen *auch wir das* erkennen können, und das auch nicht inhaltlich (wie in der einfachen Täuschung), sondern eben *formal*, wir sprachen ja vom *Rahmen*. Also müssen auch wir, ohne dafür den Pour le Mérite zu bekommen, aus der Wirklichkeit ihrer Rahmung, also ihres *Raums* fallen können. Sonst wäre es ja reine Behauptung, sprich: Gockelei.

Jeder Mann, die älter als dreißig ist, wird beim Sex mit einem Phänomen Bekanntschaft gemacht haben, das man derb, aber durchaus landläufig als das des *Sich-Totfickens* bezeichnen kann. Es besteht darin, dass der Mann – etwa um als smarter Liebhaber durchzugehen – höflicherweise mit seinem Orgasmus wartet, bis die Frau ihren Orgasmus bekommen hat, was, leider, mitunter eine schöne Zeit dauern mag. Das heißt: Der auch nur einigermaßen erfahrene Liebhaber hält seinen Orgasmus so lange zurück, bis es nun für ihn heißt: *rien ne va plus.* Der Mann fährt aus (reiner Schlauheit) mit der Penetration fort, fällt aber – innerlich – komplett aus dem Rahmen und **sieht nun** die rein fleischwirtschaftliche Seite der Dinge (was nur wenig Spannung verspricht).

Auch Frauen, die beim Sex häufiger an ihren nächsten TÜV-Termin denken, werden auf ihre Weise dieses unschöne Phänomen bestätigen können. Das heißt aber philosophisch nichts anderes als dies, dass der Sex ein **hochgradig geframtes Wirklichkeitsfeld** ist, und, wenn wir etwas schwülstiger werden sollten, dass es eine gewisse *auratische Qualität* unterhält, die ihrerseits, und da werden wir seitens des Mannes *keineswegs* fehlgehen, von einem (zumeist überaus säuischen) Phantasma, wir können fast sagen: einer *platonischen Idee* unterhalten wird. Man sollte ihm nicht allzu böse sein, denn wie heißt es so schön: *He has to make the game.* Wir möchten das Ganze aber letztlich doch lieber scholastisch ausdrücken und sagen: **haltend im Halten gehalten sein.**

Wir können also den Rahmen-, Raum- und Realitätsverlust, den wir Ernst Jünger ja glattweg abstreiten wollten, in unserer Wirklichkeit sowohl inhaltlich als auch formal bestätigen. Der *Unterschied* ist allerdings der, dass wir gleichsam *naturalisieren*, während Ernst Jünger gleichsam *transzendiert,* seraphische Laute vernimmt und gewissermaßen die Englein singen hört, das heißt: Wir *fallen* um eine Wirklichkeitsstufe, Ernst Jünger *steigt* um eine Wirklichkeitsstufe, und es ist ja genau dieses *Steigen*, das wir Ernst Jünger nicht abnehmen (ganz abgesehen davon, dass uns die ganzen bellizistischen Folgerungen überhaupt nicht passen). Wir sagen also: *Er müsste doch fallen, er aber behauptet, zu steigen*, und genau deshalb misstrauen wir – völlig zu Recht – jedem Wort.

Aber wir unterliegen einem Fehlschluss. Denn der *umgekehrte* Vorgang lässt sich nun *extrem leicht* darstellen. Denn jeder Leser ist Platoniker. Oder anders ausgedrückt: *Das Lesen ist ein exquisit platonischer Akt.* Denn was sieht ein Leser? Zunächst nichts weiter als eine Ansammlung unterschiedlicher kleiner, schwarzer Flecken auf weißem Grund (weshalb kleine Kinder einen lesenden Vater für völlig verrückt ansehen). Mehr ist auf dieser *flächigen Ebene* (also im Raum) absolut nicht zu sehen. *Erst wenn er liest*, **nun erst** werden sich Bedeutung, Sinn und letztlich auch die Idee einstellen. Das heißt: Der Leser wird vom Buch an- und eingesaugt. Er verliert zunächst den Raum und dann die Zeit, und schließlich sogar noch **sich selbst**, denn wenn es gut läuft, findet ein **Subjektwechsel** (mit der Romanfigur) statt, **den wir bei jedem metaphysischen Vorgang zwingend fordern**, **derart nämlich, dass aus S 1 S 2 wird.**

Metaphysik klingt immer so nach Metaphysik, also nach Hirnficken. Das mögen wir auch nicht, Sex immer gerne, aber kein *mindfucking*. Da „schauen wir uns lieber eine schöne Landschaft an" (Tucholsky). Aber was sehen wir, wenn wir wirklich sehen? Dieses und jenes, aber vor allem *dies*, dass uns die Dinge, wenn wir sie nur aufmerksam genug betrachtet haben, irgendwann selbst ansehen (Flaubert). Auch eine Art auratischer Vorgang. Ja, es soll schon vorgekommen sein, dass das *Angeschaute auratisch wesentlich stärker ist als wir selbst*. Dann stehen wir knietief im Geheimnis. Vielleicht gibt es diesen ganzen Raum nicht, vielleicht ist diese ganze Raumsicht irgendwie falsch, vielleicht ist der Raum ein Nichts zwischen zwei Informationen. Wir wissen es nicht. Ach, schreibt van Gogh, manchmal habe ich so ein starkes Bedürfnis nach Frömmigkeit. Dann gehe ich in die Nacht hinaus und male einfach die Sterne (an seinen Bruder).

Das reale Reale.

Kurze Zeit nach der (gescheiterten) Ludendorff-Offensive steht Ernst Jünger, den wir uns mittlerweile als *WK-I-Toon* vorstellen müssen (Toons sterben ja bekanntlich nicht), wieder im Graben, allerdings sind wir jetzt ernsthaft besorgt, denn das entsprechende Kapitel in den *Stahlgewittern* heißt: „Mein letzter Sturm". Natürlich wird wieder enorm viel geschossen und an Explosionen und Rauch ist auch nicht gespart. Ernst Jünger, der sich mittlerweile einen *Spazierstock* (wie abgefahren!) zugelegt hat, läuft durch Schützenlöcher und flüchtig ausgehobene Grabenstücke. Seine Stimmung darf man durchaus als interessiert, ja als gehoben ansehen. Man möchte fast sagen: als *operettenhaft* (was letztlich auch die Magie der *Stahlgewitter* ausmacht).

Doch ausgerechnet jetzt trifft ihn „das reale Reale" (Zizek), nämlich eine Kugel: „Gerade als ich mich mitten im Sprung über einem etwas sorgfältiger ausgestochenen Graben befand, riss mich ein durchdringender Stoß vor die Brust wie ein Flugwild aus der Luft. Mit einem lauten Schrei, mit dessen Gellen die Lebensluft auszuströmen schien, wirbelte ich um die Achse und klirrte zu Boden. Nun hatte es mich endlich auch erwischt. Gleichzeitig mit der Wahrnehmung des Treffers fühlte ich, wie das Geschoss scharf ins Leben Schnitt." Das ist uns, summarisch betrachtet, von seiner vorigen Begegnung mit dem Realen bereits bekannt. Erinnern möchten wir allerdings an die *Schmerzgrenze,* die im Schrei ausgeströmt ist und nun Ernst Jünger *hinter sich* gelassen hat und ziemlich **leer** (Eckhart, Böhme) zu sein scheint, wenn er jetzt weiter schreibt: „Als ich schwer auf die Sohle des Grabens schlug, hatte ich die Überzeugung, dass es unwiderruflich zu Ende war. Und seltsamerweise gehört dieser Augenblick zu den ganz wenigen, von denen ich sagen kann, dass sie wirklich glücklich gewesen sind. In ihm begriff ich, wie durch einen Blitz erleuchtet, mein Leben in seiner innersten Gestalt. Ich spürte ein ungläubiges Erstaunen darüber, dass es gerade hier zu Ende sein sollte, aber dieses Erstaunen war von einer sehr heiteren Art.“

Nun wollen wir uns aber nicht erneut irre machen lassen und benennen einfach die Momente: Jünger ist über den Schmerz hinaus, gleichsam auch über den Raum, den er der Schilderung nicht mehr für würdig befindet, und irgendwie auch über sich selbst. Stattdessen ist er im **Augenblick**, in einer Art von hohem Jetzt, empfindet einen Blitz, der irgendetwas erleuchtet, nämlich sein Leben, und zwar in seiner *Struktur*, die offensichtlich bislang *völlig falsch* verortet wurde, ein ungläubiges Erstaunen, das mit einem extrem hohen Glücksgefühl einhergehen soll, so dass die Tatsache, sein Leib werde nun hier, in der nordfranzösischen Ebene, sein Ende finden, als eher heiterer Seitenaspekt auftritt. ***Es ist also eine komplette Vertauschung der Signifikanten; das, was Realität war, ist Zeichen und das, was Zeichen war, ist Realität.***

Natürlich wird man den Vorgang auch psychologisch erklären können, biochemisch oder sonst wie, man kann ihn betrachten, auf welcher Ebene man ihn zu betrachten beliebt, denn es ist ja ein und derselbe Vorgang, nur eben unterschiedlich betrachtet, wobei wir uns anheischig machen wollen, ***selbst die für uns bislang etwas blass und fern gebliebene Raumkontraktion und letztlich die Dilatation der Zeit selber anzusprechen und geradeheraus von einer Verschränkung zu reden, denn hier taucht der ganze Katzendreck*** – und man mag sich erinnern, dass wir allein bei Erwähnung des Wortes „Katze“ extrem sauer werden – ***umstandslos wieder auf, um nichts*** *anderes handelt es sich ja beim Übergang von Z 1 auf Z 2.* Das wirklich Wirkliche, sprich: das reale Reale (Zizek) scheint so etwas wie ein höherer Blick zu sein, man könnte auch sagen „von Angesicht zu Angesicht". Wobei uns vor allem *dies* interessiert, dass wir **nun erst** sagen können: Das, was wir vorher sahen, war nicht mehr als eine Schrift im dunklen Spiegel, dunkel (oder matt oder unlesbar), weil wir nicht richtig sehen konnten, Spiegel, weil wir fröhlich vor uns hin projizierten (wir sehen uns also hauptsächlich selber) *und vor allem spiegelverkehrt, denn die Signifikanten waren vertauscht.* Wir müssen nun nicht unbedingt Paulus (1. Kor. 13) selbst sein oder Leutnant Ernst Jünger, um ein gewisses Erstaunen nachzuvollziehen.

Abschließend wird man sagen können: Tja, wenn das so ein Bombending ist, dieses reale Reale, bombenhaft derart, *dass die Signifikantenkette sich umkehrt* und hinter der Wirklichkeit die Idee aufzutauchen scheint, dann müsste doch kein anderer als der (in der Tat etwas eitle) Ernst Jünger *selbst* darüber – und zwar formal – geschrieben haben. Richtig. Genau das macht er ja auch dauernd. Und zwar in seinem (heute etwas befremdlich klingenden) Begriff der *Stereoskopie,* der so oder anders häufig in seinen Schriften auftaucht. Wir könnten beliebig viele Beschreibungen benennen, zitieren und nehmen ein einigermaßen anschauliches Beispiel aus dem *Abenteuerlichen Herzen* (zweite Fassung), da das Buch ohnehin gerade auf dem Schreibtisch liegt, betitelt mit: *Der stereoskopische Genuss.* „Jede stereoskopische Wahrnehmung", heißt es da, „ruft in uns ein Gefühl des Schwindels hervor, indem wir einen sinnlichen Eindruck, der sich uns zunächst in seiner Fläche bot, in der Tiefe auskosten. Zwischen dem Erstaunen und dem Entzücken liegt, wie vor einem köstlichen Sturz, eine Erschütterung, in der sich zugleich eine Bestätigung verbirgt – wir fühlen, wie das sinnliche Spiel sich wie ein geheimnisvoller Schleier, wie ein Vorhang des Wunderbaren leise bewegt."

Gut, der Vorhang und auch der Schleier, das klingt in unseren Ohren schon ein wenig nach Mata Hari, aber ansonsten scheint uns das

Phänomen völlig korrekt beschrieben. Vor allem, **dass das, was Fläche bot, jetzt Tiefe bietet, das Bild also gleichsam betretbar wird,** scheint uns **exakt** das real Reale, nämlich das Ideelle, völlig logisch in seiner Entbergung zu beschreiben, wobei uns vor allem das Kippbildhafte hoch anschaulich erscheint. Denn der, der in ein solches Bild geht, tritt nicht wiederum in ein Bild ein (das macht er naheliegenderweise den ganzen Tag, nichts anderes ist ja das Leben: Von einer Netzhautreizung geht es zur nächsten), sondern in eine Art höheres Bild. Und ein Bild, das über den Bildern steht, nennt man wiederum nicht Bild, sondern schlichtum: **Idee.**

Nun könnte man sagen: schön, schön, die Idee, also nur ein weiteres Wort. Vorsicht. Denn praktisch gesehen, ist die Idee keineswegs nur ein Wort, oder philosophisch nobilitiert: ein Begriff.

Wenn wir das Mystische überhaupt richtig verstanden haben (wir selbst sind so mystisch veranlagt wie eine Tüte Spaghetti, handelsübliche Packungsgröße), dann besteht es offensichtlich darin, dass sich hier die bloßen Begriffe in Anschauung *zurückverwandeln*, also eine Art **betretbares Bild** bieten, einem Hologramm vergleichbar, wir könnten auch deutlicher werden und vielleicht sogar hilfsphysikalisch sagen: **eine Art Tunneleffekt,** hinein in **eine andere Wirklichkeit,** in jenen Zustand, von dem wir nachdrücklich vermuten, er sei der Zustand **Z 2. Und wie sieht dieser Zustand aus? Keine Ahnung? Sehen wir aus wie der Apostel Paulus? Sind wir kurz vor Damaskus schon einmal vom Pferd gefallen? Nein und nochmals Nein.** Wir können noch nicht einmal reiten.

Was ist überhaupt ein Tunneleffekt? Ein Tunneleffekt ist ein sehr gut bewiesenes Phänomen, wonach Teilchen (Elektronen) *direkt durch Wände gehen können*. Können sie halt, die Teilchen, machen sie übrigens auch. Das ist in der klassischen Physik *undenkbar*, denn die kinetische Energie, also die Bewegungsenergie, muss das Objekt in eine bestimmte maximale Lage transformieren. Praktisch gesagt: Eine Bowlingkugel, vom Bowler abgeworfen, rollt einen Berg hinauf, dort erreicht der Impuls irgendwo sein Maximum und die Kugel rollt wieder hinunter. In der Quantenmechanik rollt unsere nur beispielhaft gewählte Kugel *durch den Berg hindurch*, und zwar mehr oder weniger: sofort. Ein Wimpernschlag genügt. Irre. Denn klassisch gesehen, stellt für jedes Teilchen, das sich, sagen wir, in Z 1 befindet, **das Ding ein Hindernis** dar, das nicht überwunden werden kann, wenn die Gesamtenergie E kleiner ist als die Höhe V des Dings (die Kugel rollt also in diesem Beispiel vom Berg herunter). In der Quantenmechanik ist das nicht so. Läuft hier ein Teilchen (aus dem Gebiet 1 kommend) an das Hindernis heran, wird dabei zwar einiges reflektiert, der Rest aber läuft directement durch den sogenannten *Potentialwall*, also die Barriere, das Hindernis selbst hindurch (Gebiet 2) und geht in den Bereich 3 hinein, obwohl das Gebiet 2 aus energetischer Sicht für das Teilchen absolut *verboten* und eigentlich gar nicht betretbar ist. Das ist – kurz gesagt – der Tunneleffekt. Und wie sollte man diese andere Zone nun nennen? Keine Ahnung.

Wir sind keine Physiker, und schon gar nicht Quantenphysiker, wir hatten in der Schule eine phänomenologisch unauffällige 3 in Physik, also eine gleichsam inexistente Note, ja, das Inkognito einer Note. Wir mögen hier einiges nicht verstanden haben, und wenn verstanden, dann eben nicht begriffen (Kant) und versuchen, diesen erstaunlichen Vorgang in uns vertrauteren semantischen Feldern darzustellen. „Die Zeit", schreibt Platon im *Timaios*, einem sehr hermetischen Text, sei „das bewegte Bild der Ewigkeit". Er geht also, durchaus modern, nicht von einem strömenden Fluss, sondern von einer Abfolge einzelner, *unterschiedlich starker Momente* aus, die in einem einzigen, allerdings *sehr starken Moment* zusammenfallen. Das ist natürlich antilinear gedacht und heißt auf das Praktische hin gesehen, dass das Leben keine Strecke ist, die es abzuspulen gilt, sondern man ist, biografisch gesehen, an *jedem Punkt* bereits am Ziel. Man muss sich gleichsam nur umdrehen. Das ist natürlich eine starke Frechheit gegenüber jeder Art von historischem Denken. Denn somit gäbe es keine *Ursache der Ursache*, was zwangsläufig zur Endlosrekursion führt, sondern stets nur ein hohes und vertikales *Jetzt*.

Gäbe es aber keine Ursache der Ursache, dann gäbe es auch nicht „den unbewegten Beweger" (Aristoteles), jenen Typ also, der in einer Art gigantischem *Domino Day* den ersten Stein zum Kippen brachte. Das hieße: Anfang und Ende ist nicht ein „vorher" oder „danach", sondern das Sein ist *ganz wesentlich* völlig zeitlos und damit gleichsam „nach wie vor" (Thomas Mann), und das heißt: Es ist anwesend und „wirkt" – als Möglichkeit der Wirklichkeit –, ohne dass zeitliche Bezüge auf *dieser* Ebene irgendeine Bedeutung hätten.

Wir wissen nicht, ob es so ist. Wir wissen nur, dass Ernst Jünger so gedacht hat. Wenn er nicht gerade von seiner Frau in den Nachbarort geschickt wird, um seine Schreibmaschine von der Reparatur abzuholen, und stattdessen ein gegrilltes Huhn auf dem Gepäckträger mit nach Hause bringt, und dies mit der Begründung, er habe ja *irgendetwas* holen sollen, nur sei ihm auf der Fahrt entfallen, was es denn *genau* gewesen sei. Wenn er also nicht als Altersdadaist unterwegs ist, dann bearbeitet er intensiv sein Tagebuch. Da steht unter dem 2. September 1971: „Dass der Film durch das Abrollen zahlreicher Bilder Bewegung nur vortäuscht, ist bekannt. Diese Bilder halten Momente beliebiger Vorgänge fest. Wenn nun das, was sie bedeuten, also der Sinn im einzelnen Bilde, stärker würde, etwa als Schönheit, dann träte entsprechend die Faszination der Bewegtheit zurück." Denn: „Jede Bewegung ist provisorisch; sie hat ein ruhendes Ziel. Hier würde das Ziel nicht am Ende, sondern innerhalb der Bewegung erkannt. Das ist nur ein technisches Beispiel, doch auch das Leben bringt immer wieder Bilder, in denen die Seinsverdichtung die Kette der Verwandlung unterbricht" (Siebzig Verweht I).

Und so kann Ernst Jünger, der ein langes Leben hatte, nahezu 103 Jahre alt wurde und geradezu ein *Jahrhundertleben* (so der Titel einer Biografie von Heimo Schwilk) führte. Ein Leben, in dem er brieflich oder persönlich mit Ludendorff, Brecht, Goebbels in Kontakt stand

– Jünger sollte nahezu *zeitgleich* Ehrenmitglied der Kommunistischen Partei Deutschlands und Reichstagsabgeordneter der NSDAP werden; er hat beides abgelehnt und war nie Mitglied irgendeiner Partei –, mit Heß, Hitler, Picasso, Braque, Céline, Cocteau, der Familie Stauffenberg, Heidegger, Heisenberg, mit Carlo Schmid (dem Vater des Grundgesetzes) und Carl Schmitt (dem Vater des Ausnahmezustandes), Benn (der Jünger allerdings nicht ausstehen konnte), mit Augstein, Golo Mann, dem LSD-Entdecker Albert Hofmann, mit Helmut Schmidt, Richard von Weizsäcker und Helmut Kohl, mit Mitterrand und Felipe Gonzalez, mit Heiner Müller und Bruce Chatwin in mehr oder weniger regem Kontakt war, ein Leben, dem zur Verblüffung aller – Jünger ist damals noch Protestant – sogar der *Päpstliche Segen* erteilt wird, und zwar von Johannes Paul II., der sich als Leser seines letzten Buches *Die Schere* zu erkennen gibt („Der Heilige Vater liest jeden Tag in Ihrem Buch, es gefällt ihm gut", zitiert nach Schwilk), an dessen Ende er mit über 100 Jahren und in nahezu bestürzender Schlichtheit notiert:

„Ich sitze am Fenster und blicke auf die Tür des Nachbarhauses. Sie ist geschlossen, doch fühle ich ihre Kapazität aufzugehen. Wenn nun die Nachbarin heraustritt, ist sie nicht dieselbe mehr. Mir war eine Erscheinung vergönnt" (Siebzig Verweht V).

Schrödingers Katze.

Weitere Auskünfte vermögen wir inhaltlich nicht mehr zu geben. Wir müssen uns allerdings noch ehrlich gegenüber Slavoj Zizek machen. Was jetzt kommt, sind binnenphilosophische Sandkastenspiele, aber wir können es nicht ändern. Zizek geht (in der Nachfolge Lacans) unserer Meinung nach völlig zu Recht von einer *mehrfach* symbolisch verschlüsselten Realität aus. Er benutzt dazu die Begriffe: *real – symbolisch – imaginär,* legt sie gleichsam auf die X-Ebene eines Diagramms und baut dazu noch eine Y-Ebene mit denselben Begriffen, so dass nun *neun* Begriffsfelder entstehen, eine Art strukturalistisches Superbingo und *Tic-Tac-Toe*, bei dem die Terme immer fröhlich hüpfen können, es gibt also, um eine Beispiel zu nennen: das real Imaginäre, das symbolisch Imaginäre und somit auch das imaginär Imaginäre. Wir finden das alles ziemlich gut. Allerdings stehen wir jetzt auch zugleich kurz vorm Todesstoß. Denn es gibt nur ein *symbolisch* Reales oder wahlweise ein *imaginär Reales*, ein **reales Reales kann es gar nicht geben, weil wir ja schon immer in einer Symbolstruktur leben.** Das heißt natürlich im Klartext: Jünger erzählt einen schönen Unfug, und wir glauben ihm auch noch, blöd, wie wir sind. Denn das, was als reales Reale auftritt, ist entweder das **symbolisch Reale** (etwa eine angeblich physikalische Welt- und Großformel) oder das **imaginär Reale** (etwa der ganze platonische Schwindel, mit dem Jünger sein Diarium aufzupeppen gedenkt). Damit wäre der Hahn tot. Und zwar final tot. Denn das real Reale, das wir beständig supponieren, ist, wie das Kantische Ding an sich, man kann biologistisch sagen: der Triebgrund, man kann auch sagen: Gott himself, für uns jedenfalls nicht begreifbar, und zwar im Sinne des begrifflichen Begreifens.

Oder wenn es doch irgendwie da und begreifbar wäre, dann müsste es zumindest *vermittelt* sein. *Holla, die Waldfee!,* würde jetzt Hegel sehr vergnügt rufen. Das ist ja das zu Recht so beliebte „vermittelt Unvermittelte", also der blanke Nonsens selbst, denn alles, was uns irgendwie *echt erscheint,* muss ja erst einmal durch die komplette Geistesmühle hindurchgegangen sein, bevor es diesen lieblichen und geradezu bambimäßigen Eindruck erwecken kann. Nun wird es ja *richtig* verrückt. Würde Hegel sagen. Nur weiter so, Dornröschen!

Vermutlich, meint Zizek als strukturalistischer Posthegelianer, sei das real Reale das Grauen selbst, *was er, wie wir bei Jünger gesehen haben, absolut richtig vermutet.* So wie ein brutaler Schnitt in einem Horrorfilm, den wir als Zuschauer überhaupt nicht erwarten, denn könnten wir es erwarten, wäre er in der symbolischen Ordnung. Wir verstehen, weshalb Zizek so **denken muss.**

Denn Zizek hat einen *au fond* durch und durch *naturalistischen, letztlich marxistischen Wirklichkeitsbegriff* und stolpert nun natürlich fortlaufend über das Phänomenale, das er, *in schönster Lacan-Lingo (Spiegelstadium, nom de père, Objekt klein a)* verortet und dabei natürlich das gesamte Lacansche Kasperletheater, wir möchten deutlicherweise ergänzen: das *katholische Kasperletheater* Lacans vollumfänglich zur Aufführung bringt. Damit kann er schon auf der X-Achse wenig genug erklären und auf der Y–Achse überhaupt nichts, weil er die Y-Achse *gar nicht sieht.* Das heißt genauer: Er sieht sie schon, aber eben als *Konstruktion, nämlich in ihrer Fiktionalität. Man ist also nicht ungestraft Marxist.* Wäre man keiner, könnte sich man ja mal fragen, warum das Objekt klein a (zur Erklärung: die Struktur des Begehrens, die sich ja dadurch auszeichnet, dass sie *nie erreicht wird* und dadurch das Begehren selbst erst konstituiert und perpetuumartig weiter unterhält) eigentlich **ontologisch** überhaupt besteht. *Jede Frau weiß das!*

Genau das ist – so behaupten wir mit einigem Elan – die Bedingung der Möglichkeit von Welt, das heißt: Sie kann nur aus diesem Missverständnis heraus überhaupt funktionieren. Dieses strukturelle Missverständnis ist ihre konstitutive Bedingung. Alles Weitere folgt daraus. Unter anderem die Symbolstruktur selbst. Wir wiederholen: die Symbolstruktur selbst! Und nun können wir auch Hegel verraten, woher seine fucking Vermittlung kommt, nämlich aus dem vermittelt Unmittelbaren, wobei Z 2 den Klartext liefert und Z 1 das Kryptogramm. Hegel ist also gleichsam der Alan Turing des 19. Jahrhunderts, ohne allerdings Enigma geknackt zu haben. Letztlich stehen jetzt nur zwei Enigma herum: die kleine Enigma (des Seins) und daneben die Riesen-Enigma Hegels. Ein Traum!

Und genau deshalb ist ja auch das Schweigen so löblich (Wittgenstein), denn vorderhand dementiert ja gerade die Symbolstruktur ihre eigenen (metaphysischen) Inhalte. Ein permanenter Entzug. Wir irren also in der Sprache wie in einem Labyrinth der Objekte umher. Das dürfte auch der Grund sein, dass keine Theorie in einem Symbolsystem formuliert werden kann, das sich selbst erläutert. Es ist also eine *symbolische Schranke,* von der man in der Tat behaupten kann, dass sie ziemlich gut schließt. Und deshalb ist ja auch die Nähe des Todes oder der „Scheintod im Denken" (Sloterdijk) erkenntnistheoretisch so überaus interessant. Er kehrt nämlich die Verhältnisse komplett um, und *Schrödingers Katze*, jene also, die uns mit schönster Unschuldsmine ein no-winning-game zu spielen empfiehlt, ein Spiel, das sie natürlich nur gewinnen kann und somit *glänzend dasteht*, Schrödingers Katze ist *selbst* zugleich tot und nicht tot, und genau deshalb empfiehlt sie uns ja auch dieses Spiel.

Schrödingers Katze ist natürlich nur ein Gedankenbeispiel des österreichischen Physikers Erwin Schrödinger. Es benennt allerdings ein fundamentales Problem der Physik und besagt auf der unteren Ebene, dass wir über den Zustand einer Sache (in *dem* Fall: einer Katze, die in einer schalldichten Kiste sitzt) erst dann eine sinnvolle Aussage machen können, wenn wir sie sehen. Das heißt, banal genug, dass wir über einen uns etwa bedrohlich scheinenden Brief erst dann eine Aussage treffen können, wenn wir den Briefkasten und letztlich auch den Brief selber *geöffnet* haben. Bis dahin bleiben die beiden Zustände guter Inhalt/schlechter Inhalt *gleichwertig bestehen*. In etwa ist es also wie mit der Liebe: Ob man von jemandem gemocht oder nicht gemocht wird, dürfte erst die Beobachtung, also das Treffen selbst, erweisen. Auf der mittleren Ebene, hier nun der *quantenmechanischen Ebene*, besagt das Beispiel, dass eine Sache *beide Zustände gleichzeitig besitzt*, was an dem Brief, vor dem uns unwohl ist, natürlich ziemlich verwegen erscheint, bei einem amourösen Treffen allerdings durchaus logisch. Denn es kann in der Tat sein, dass die geliebte Person *beide Optionen* in sich trägt und es ganz wesentlich darauf ankommt, *wie* wir ihr begegnen. Wir würden hier also von einem psychischen Überlagerungszustand ausgehen, der sich so oder so ausspielt. Auf einer hohen Ebene allerdings besagt das Beispiel, dass die beiden Zustände *Z 1* (die Katze lebt) und *Z 2* (die Katze ist tot), sie liebt mich, sie liebt mich nicht, gute Nachricht, schlechte Nachricht, nicht allein durch die Beobachtung geklärt werden können (was ja wirklich überaus banal ist), aber auch kein *Fading* des Objekts sind (das nur sauber von seinen Störgeräuschen gereinigt werden muss). Sondern dies, *dass beide Zustände ontologisch immer und stets und gleichzeitig bestehen* und wir nur sagen, okay, wir entscheiden uns einmal für Zustand *Z 1*, wobei der Zustand *Z 2* nicht weg ist, sondern nur und allein optional nicht gesehen, nicht gespielt und auch nicht gehandelt wird. *Da ist er aber immer.* Man handelt ihn eben nur nicht. Oder, besser noch, er handelt uns (derzeit) nicht.

Und deswegen *kann man übersehen,* dass *Z 1 und Z 2* auf der X-Ebene einen munteren Signifikantentausch vornehmen, *und muss übersehen,* dass auch die X-Ebene selbst nichts anderes als einen regen Austausch mit der Y-Ebene unterhält, so dass wir auch hier wiederum unsere beliebten Terme *Z 1 und Z 2* auf- und abtauchen sehen. *In nichts anderem besteht ja die Struktur der Welt.* Und weil wir das eine nicht sehen, können wir auch das andere nicht richtig erkennen und verstehen es falsch. Geben wir es also zu: Es ist schon ziemlich clever, subtil, aber letzten Endes auch überzeugend. *Genau das sind die Allgemeinen Geschäftsbedingungen, die uns ja so sehr interessiert haben.*

Und so können wir am Ende mit Oliver Kahn, aber auch mit Martin Heidegger (der bekanntlich ein ordentlicher Fußballer war) und mit Niels Bohr (der ein *sehr guter* Fußballer war) sagen: „Da ist das Ding!"

V. Das Ethische

Wenn wir am Ende noch einige ethische Überlegungen bieten, dann unternehmen wir dies, um uns nicht nachsagen zu lassen, aufs Praktische hin einen schlanken Fuß gemacht zu haben. Wir sind keine ausgesprochenen Ethik-Freaks, ja getrauen uns offen zu bekennen, dass sie, die Ethik, den mit Abstand faseligsten und auch zerredetsten Bereich der Philosophie bildet. Weil aber Menschsein immer auch heißt, handeln zu müssen, da ja selbst das Nicht-Handeln eine Form des Handelns ist, sehen wir eine gewisse Notwendigkeit für ethische Betrachtungen (*obwohl uns die Spieltheorie wesentlich griffigere Modelle und validere Beziehungen anbietet*) statt einen „Mischmasch von Neigung, zusammengestoppelten Beobachtungen und halbvernünftigen Prinzipien, daran sich schale Köpfe laben" (Kant, Metaphysik der Sitten). Kant selbst stellt den *materialen Ethiken* (von denen es – glücklicherweise – nur *vier* gibt: utilitaristisch, eudämologisch, hedonistisch und heteronom) eine *formale Ethik* gegenüber, deren *formalen Universalisierungsanspruch wir sehen*, den wir aber nicht näher besprechen werden, da wir ohnehin schon etwas müde geworden sind.

Wir möchten also die durchgerittene Mähre Ethik nicht zu Tode reiten und erwähnen nur beiläufig, dass moderne Ethiken (Rawls, Habermas) in ihrer *faktischen und universellen Universalisierung* (was gegenüber einem *formalen Anspruch* natürlich ein *riesiger*, man möchte sagen: *himmelweiter* Unterschied ist) vielleicht einen kategorialen Fehler machen, ja mehr noch: Ontisches mit Ontologischem verwechseln. Was das heißt, wird in dem Versuch deutlich, eine *beschreibende* Ethik darzustellen, die ohne letzte Prinzipien auskommen muss, dafür aber den Vorteil besitzt, sich sämtlicher ideologischer Auseinandersetzungen zu entheben, da sie nur kenntlich macht, was individuell *ohnehin* passiert. Das aber deutlich.

Es war der dänische Philosoph Sören Kierkegaard, der ein formales Modell der Existenz formuliert hat, das – abseits der Doxa der Meinungen – im *Paradox* eine absolut gültige Antwort auf die Doppelgesichtigkeit, ja, wir dürfen wohl sagen: ontologische Paradoxie des Subjekts selbst darstellt. Bekanntlich hat Kierkegaard die drei Stadien des Lebensweges als a) *ästhetisches*, b) *ethisches* und c) *religiöses* Stadium beschrieben. Wir würden nichts anderes als leeres Stroh dreschen, wenn wir eine umständliche Herleitung (vor allem aus „Entweder/Oder") unternehmen wollten. Deshalb können wir eine umstandslose Darlegung Kierkegaards am besten damit beginnen, dass wir sagen: Die Strecke hat kein Geheimnis. Das Geheimnis liegt in der Sphäre (Thomas Mann). Und diese Sphären selbst sind wiederum nichts anderes als Formen der Weltoffenheit. Das gilt es dann schon zu erläutern.

Selbstredend ist Kierkegaard stark theologisch fundiert, was uns allerdings nicht stören soll, denn die Brillanz seines Gedankens funktioniert genauso gut, wenn man nicht an Gott glaubt, wenn es Gott für uns oder wahlweise überhaupt nicht gibt und wir somit schmucklos behaupten, dass wir schnurgerade ins Nichts gehen werden. Selbst dann (und dann noch stärker) ist die Existenz hochgradig erstaunlich, ja geradezu völlig absurd, wenn man sie nicht als wunderbar (auch im Sinne von: der Wunder bar) anzusehen sich genötigt sieht. Diese *Grundstellung* ist eindeutig und rein formal gesehen *ästhetisch,* nimmt sie die Welt doch vorbehaltlich und spielerisch wahr, und denkt, aus *dieser* Grundstellung heraus mit einigem Recht, den Forderungen des Tages nicht allzu dringlich nachkommen zu müssen, sind doch Forderungen, deren hohen Sinn wir nicht zu erblicken vermögen, bestenfalls halbe Forderungen, deren Rechtstitel wiederum selbst im letztlich Unbestimmten ruhen, was durch die deklamatorische Art, in der solche Forderungen aufzutreten pflegen, eher bestätigt als dementiert wird.

Forderungen, sprich: ethische Maximen, also: **Alle Sätze der Ethik sind *unbegründbar,* und wären sie es, dann bräuchte man sie nicht.**

Das ästhetische Lebensstadium hat ganz fraglos eine *hohe Welt-offenheit*, nicht, weil es die Welt kennt, denn es kennt sie natürlich nicht und *will* sie in gewisser Weise auch gar nicht kennen (was letztlich keineswegs dumm ist). Man kann hier mit einigem Recht von einem philosophischen Surrealismus sprechen, den jeder Mensch in sich trägt. Denn diese hohe Offenheit ist überhaupt nichts anderes als die sehr klare Ansicht, dass die Welt *materialiter*, also in der jeweils besonderen Weise ihrer gesellschaftlichen Organisation, als auch ontologisch eine *Möglichkeit* darstellt, eine geronnene und alt gewordene Möglichkeit, die sich nun beinhart gibt und als wahre Wirklichkeit aufspielt, aber letztlich nur hüftsteif geworden ist und zu knarzen beginnt. Kein junger Mensch glaubt dieser Wirklichkeit allen Ernstes. Er macht bestenfalls glauben, zu glauben. Und das mit jedem Recht. Nur die Jugend hat Genie, und zwar genau aus *diesem* Grund. Der Mensch ist **als Subjekt immer die Grenze** jeglicher faktischen Zudringlichkeit, die sich ihm als jeweils besondere Realität aufspielt.

Denn selbstverständlich steht die Möglichkeit wesentlich höher als die Wirklichkeit. Wenn wir so forsch argumentieren, sehen wir uns allerdings letztmalig genötigt, unseren Begriff der Möglichkeit zu erläutern. **Wir sehen in der Möglichkeit keinen mangelhaften Modus des Wirklichen, sondern vielmehr in der Wirklichkeit einen mangelhaften Modus des Möglichen.** Wenn wir also sagen: „Katharina ist möglicherweise eine gute Schülerin", so drückt dieser Satz einen stark defizienten Modus aus, wir wissen es also nicht genau, tappen im Dunklen und können nicht zu der Höhe der Anschauung gelangen, die in dem einfachen Satz: „Katharina ist eine gute Schülerin" ausgedrückt ist. Dieser defiziente Möglichkeitsbegriff ist der alltägliche, nämlich der des Fehlens von etwas, nämlich Information. Wir hingegen meinen hier mit dem Begriff der Möglichkeit immer den der Potenz und sagen, dass das Wirkliche selbst nur eine Form der Möglichkeit ist, also ihr selbst, dieser berühmten und beinharten Wirklichkeit selbst, etwas Wesentliches fehlt (nämlich wiederum Information). Man könnte auch gleich sagen: Mangel an Sein (Schelling).

In den, wie *wir* finden, goldenen 80er Jahren war es üblich, von der „taghellen Mystik" eines Robert Musil zu sprechen, eine Gedankenfigur, die übrigens auch sehr stark von Schelling beeinflusst sein soll. *Taghelle Mystik* war der Gegenbegriff zu: *Seinesgleichen geschieht,* womit Robert Musil den tagtäglichen Trott der Dinge völlig zutreffend bezeichnete und kein séanceartiges Herumgemunkel im Halbdunklen hinter vergilbten Gardinen meinte, sondern die glasklare, eben: taghelle Erkenntnis, dass Z 1 eine *eigene Mystik* hat, *weil er konkret zwar so ist, aber auch genauso gut anders sein könnte* – Musils berühmter *Möglichkeitssinn* –, da Z 1 ja selber (zufälliger) Ausdruck einer höheren Möglichkeit ist, des sogenannten *anderen Zustands,* von dem wir allerdings nicht mehr genau sagen könnten, ob er als Z 2 zu beschreiben wäre.

Überhaupt ist es völlig irre, dass wir wochenlang mit dem mehr als tausendseitigen Weltroman *Der Mann ohne Eigenschaften* auf dem Gepäckträger quer durch sämtliche Stadtteile West-Berlins geradelt sind und auf diese interessante literarische Referenz *erst eigens hingewiesen werden müssen,* was wir aber kurzerhand auf unser nicht gerade ruhmreiches Erinnerungsvermögen schieben (das vermutlich nichts anderes als *die Form und somit die Funktion aller* – und in dem Fall: nicht besonders ruhmreicher – Erinnerungen selbst sein mag). Vielleicht aber ist *das* gerade die Wonne des ästhetischen Lebens, dass man noch vieles vergessen *kann. Darf und kann oder eben denkt, zu können* – um nun ganz genau zu sein. Wir hätten gerne noch einmal bei Musil nachgelesen, aber der *Mann ohne Eigenschaften* hat die zugige Fahrt auf dem Gepäckträger nicht lange überlebt und fand sein völlig unverdientes Ende in einer Wilmersdorfer Altpapiertonne. Sprachen wir eigentlich schon einmal von Murphy's Law? Kierkegaard würde hier von einer ethischen Suspension des Ästhetischen ausgehen. Zu Recht. Wie wir *wissen.*

Der Übergang vom ästhetischen zum ethischen Lebensstadium ist immer ein großer Verlust. Jeder Jugendliche wird weitläufig darüber berichten können. Man verliert die Weltoffenheit und gewinnt dabei eine Welt, um nicht zu sagen: ein Weltgefängnis. Man tauscht etwas weltlos Wertvolles (nämlich die Anschauung der zweifelsfreien Scheinhaftigkeit der Dinge) in etwas weltvoll Wertloses ein (nämlich in die Anschauung, die Dinge seien nun einmal so, wie sie sind). Man kann diese Schnittstelle je nach persönlicher Vorliebe bezeichnen, wie man will: Gesinnungsethik gegen Verantwortungsethik (Max Weber), okkasionalistische Romantik gegen dezisionistisches Handeln (Carl Schmitt), die Stunde der wahren Empfindung (Handke) gegen Stunden überhaupt, das große Gefühl der Stimmigkeit, also das *Satori* des Zen (Herrigel) gegen die stimmige Stimmigkeit des Zugfahrplans, man kann beliebig viele Dichotomien auf diese Schnittstelle legen, sie stimmen alle. Wir möchten nur zwei neue Begriffe in die Diskussion einführen, die uns geeignet erscheinen, das Phänomen zu erhellen.

Der erste Begriff ist der des Tausches, von dem Laotse maliziös sagt: „Wem etwas genommen werden soll, dem muss zunächst einmal etwas gegeben werden." Oder mit Maggie Thatcher gesprochen: „Wer ein Reiheneckhaus besitzt, macht keine Revolution." Man muss also „special investments in the world as it is" (Jacob Taubes) haben, erwerben oder zumindest in Aussicht gestellt bekommen. Das ist einigermaßen banal. Komplizierter dagegen ist der Begriff der Ironie, der mit seiner großen Spanne die Bereiche ästhetisch/ethisch komplett abdeckt (wie Thomas Mann es zeitlebens bewiesen hat), ja man kann sogar sehr gut behaupten, dass die Flügelpaare des großen Vogels Ironie aus nichts anderem als einer ästhetischen und einer ethischen Schwinge bestehen, die den krepeligen Vogelleib selbst ziemlich aufhübschen. Praktisch stellt sich das Problem der Ironie an dieser Bruchstelle des Lebens allerdings anders dar: **Jeder Eintritt in die ethische Welt ist ironisch markiert**, derart nämlich, dass man denkt, es geschähe erst einmal vorbehaltlich, jederzeit rückführbar, eher zum persönlichen Gaudium als zur objektiven Bekehrung, gleichsam als großer Jux. **Wir halten diese notwendige Selbsttäuschung für konstitutiv bei einer Selbstaufgabe dieses Ausmaßes.** Was sich hier also ereignet, ist der sehr eminente Vorgang einer seelischen Selbstvergessenheit, die erst so etwas wie Weltläufigkeit erwerben lässt, ein Geschäft, das im Verlauf durchaus auch das Kleingedruckte einfordern wird.

Ontologisch gesehen, findet im Übergang vom ästhetischen zum ethischen Leben eine *Inversion des Scheins* statt. Die Phänomenalität der Welt wird hier zur Phänomenalität der Ziele in der Welt, strenger noch: zur scheinhaften Erwartung, dass mit dem Erreichen dieser Ziele existenziell etwas Wesentliches gewonnen wäre. Wir unterschätzen niemals den *realen* Abdämmungseffekt einer solchen Operation. Nietzsche: „Ein Beruf macht gedankenlos; darin liegt sein größter Segen" (Menschlich, Allzumenschliches). Doch kann letztlich nur der scheitern, der etwas eingegangen ist, und ums Scheitern geht es letztlich immer, bestenfalls: ums *besser scheitern* (Beckett). Nichts anderes ist das (ästhetische) Drama des Ethischen, dass es, unter den Weltbann geraten, *notwendigerweise* scheitert.

Nun wollen wir das ästhetische Stadium auch nicht unnötig glorifizieren und sagen, dass es *von sich aus* (also keineswegs nur über äußeren Zwang) ins ethische Stadium übergeht, ganz einfach, weil es übergehen *muss,* denn jedes spielerische Verhalten ist von der eigenen inneren Struktur her ein *probeweises* Verhalten und die Probe aufs Exempel muss selbstverständlich erfolgen, und zwar naheliegenderweise dort, wo die Exempel herumstehen, nämlich in der Wirklichkeit selbst. Jedes Denken ist letztlich ein Probehandeln mit geringem energetischem Aufwand, aber es hält eben auch den Begriff des Handelns in sich beschlossen, und ein Probehandeln, das sich nicht aufs Handeln selbst versteht, ist kein Probehandeln und somit letztlich noch nicht einmal ein Denken. Das ist der *performative Widerspruch,* der in jeder ästhetischen Lebensform liegt und seinerseits ins Ethische drängt, sofern nicht all die schönen Redensarten und Stilgesten das Subjekt randständig als romantisches Subjekt in seiner vollen „Verzweiflung" (Kierkegaard) zurücklassen sollen.

Der weltliche Aspekt des ästhetischen Stadiums wird aber nicht nur darin deutlich, dass es sich an den realen Manifestationen des Wirklichen abarbeiten muss, sondern wesentlich mehr an der Tatsache, dass seine *Inhalte* selbst, nämlich seine Ideen, namentlich seine *konkreten* Ideen ihrerseits nur weltzeitlich sein können. Böswillig gesagt: **Selbst die Träume sind nicht besser als ihre Zeit.** Möglich, dass man im Lauf des Lebens seine Träume verwirklicht, *aber auch nicht mehr.* Und wenn man sie verwirklicht oder zeitgeistlich – durch eine Stimmung der Zeit, die gleichsam generativ in der Luft lag – verwirklicht findet (was wohl der weitaus häufigere Fall zu sein scheint), dann wird man sich selbst irgendwann als historisch empfinden, zunächst im Sinne des Herausgewachsenseins (mit etwa 40 Jahren), später dann allerdings im Sinne des Abgestorbenen (vielleicht mit 60 Jahren). Das Ethische ist prinzipiell das Historische mit all seinen bizarren Formen der Dokumentationsseligkeit, der Super- und Hyperarchive (wir wundern uns täglich aufs Neue, dass etwa das Deutsche Literaturarchiv in Marbach nicht schon längst explodiert ist und den gesamten Landkreis Ludwigsburg in einem Fallout aus Parenthesen und Suffixen vernichtet hat), also des nahezu irren Bewahrungswillens und seiner Erinnerungsfolklore (gerade im öffentlichen Raum), einem fast hysterischen Beharrungswillen des *Nur- und Seinerzeitlichen*, den Nietzsche im „Nutzen und Nachteil der Historie für das Leben" ziemlich gültig beschrieben hat.

Überhaupt scheint uns der *Krieg um die Meme*, sprich: die sehr prägnanten, somatisierten und somit leibeigenen Bilder und Bewusstseinsinhalte, die sauber und lebensnah im Neocortex abgespeichert werden und im empirischen, hier nun: ethischen Subjekt zu direkten Verhaltensmustern, ja: zu geradewegs rottweilerartigen Enthemmungsreaktionen führen und dabei auch sauber ausagiert werden, der eigentliche **Weltkrieg** einer durch und durch zivilen Zivilgesellschaft zu sein. Es geht, kurz gesagt, um die *Deutungshoheit in den Köpfen.* Physisch macht sich schon lange keiner mehr die Hände schmutzig. Warum eine Person umständlich von A nach B bewegen, wenn sie sich auch selbst bewegen kann? Unnütze Arbeit. Wenn wir also etwas deutlicher werden sollen, dann müssen wir den Journalismus, ein außergewöhnlich parasitäres Subsystem des Gesellschaftssystems, *direkt* ansprechen.

Ein System, das – rein formal gesehen – mit *metasprachlichen In- und Exklusionsregeln* operiert, und dem man auf der *inhaltlichen* Ebene, nämlich jener der Sache, *keineswegs* beikommen kann, denn sie, die Sache, ist reines Material, Zeug also, das nach Belieben geschnitten oder nicht geschnitten, zum Thema erhoben oder eben unterdrückt, gesendet oder nicht gesendet werden kann, und die Regeln, nach denen diese Operationen erfolgen, haben nicht und niemals irgendetwas mit der Wirklichkeit selbst zu tun, sondern – und auch das ist ein himmelweiter Unterschied – mit der *politischen Organisation von Wirklichkeit.* Also ein gigantisches In-and-Out-Spiel, das sich recht burschikos und volksnah gibt, aber natürlich den Regeln der *Zensur und Selbstzensur* folgt. Inhaltlich nun wiederum wird man sich stets auf *Formatierungszwänge* herausreden, was natürlich dummes Zeug ist und nur den formalen Zensurmodus zu verschleiern hilft. Diese Struktur steht uns *klar* vor Augen, völlig blöde sind wir nämlich auch nicht. Was sehen wir also? Wir sehen hier also letztlich ein selbsterregtes, hysterisches, *rein wirkungsästhetisch denkendes* Denken am Denken, ein Denken also, das überhaupt kein Denken ist, sondern die machtbasierte (und wiederum: *machtbasierende*) Dummheit selbst. Wir können das übrigens recht gut beurteilen.

Ein Modus des Luziferischen somit, bei dem *sämtliche Operationen vorzeichenvertauscht* sind, so dass der freundschaftliche Angang wie auch die cordiale Nähe nichts anderes als närrische und narrenmachende, durch und durch praktische Scheinheiligkeit ist. Wie gesagt: Wir wissen *genau*, wovon wir reden. Dieses *Vertrautheitsgehabe* ist grundsätzlich der niederschwellige Zugangscode für alle *Ingenieure der Seele* (Stalin). Eine letztlich recht wirkungsvolle, übrigens vorzüglich maternalistische Standardoperation, *die nahezu unhintergehbar ist*, ein feiner Trick aller Großmütter, Tanten und des Mütterlichen selbst, den wir im Vorbeigehen nicht unerwähnt lassen sollten.

Man muss gleichsam schon mit einem Bein im Religiösen stehen, *um den Mechanismus überhaupt zu erkennen*, und hier sind – lebenspraktisch gesprochen – natürlich schon alle Messen gelesen, was den realen und innerweltlichen Nutzen solcher mnemotechnischen Manipulationen nur umso stärker und eindrucksvoller unterstreicht.

Das religiöse Stadium selbst zeichnet sich in seiner genialen Fassung Kierkegaards vor allem darin aus, dass man in keiner Weise religiös sein muss, um in das religiöse Stadium zu gelangen. Man kann im Grunde so gottgläubig sein wie ein Sack Kartoffeln, um die Scheinhaftigkeit des Lebens als großes Ent-Täuschungserlebnis zu empfinden. Ent-Täuschung meint hier zum einen das einigermaßen schmerzhafte Erlebnis des Scheiterns oder besseren Scheiterns, zum anderen aber auch ein Abfallen der Täuschung, nämlich des zuvor invertierten innerweltlichen Scheins. Dieser Abfall des weltlichen Scheins ist aber nichts anderes als ein religiöses Erlebnis, so dass man, paradox gesagt: religiös wird, ohne es eigentlich zu wollen (was den *Formbegriff* in seiner voller Stärke zeigt), man also *zwangsläufig* religiös wird, mag man real auch glauben, was man zu glauben beliebt und mag sich dieses Empfinden empfinden, wie es sich zu empfinden vermeint: als Gleichnis, als einigermaßen aufwändiges Nullsummenspiel, als Symbol (für wen und was auch immer).

Formal gesehen hat sich der Schein des Scheins hiermit aufgehoben, die Weltlichkeit der Welt steht klar vor den allerdings nun deutlich matteren Augen, und die hohe Phänomenalität der Dinge ist gleichsam durch die Erfahrung approbiert. Man trat in den „Waffendienst der Wirklichkeit" (Sloterdijk), jetzt sinken die Ruder, „kaum noch von Ufern ein Stück" (Benn). Die Welt ist zu. Die Welt ist wieder offen.

Nun kennt man endlich auch die Antwort auf alle Fragen. Sie lautet: Ja und Nein. Gnostische Nebenwirkungen des lebenslangen Weltkonsums können jetzt keineswegs mehr völlig ausgeschlossen werden, vor allem jene praktischen einer gewissen Anarchie und Nichtanpassung an das Realitätsmassiv, das sich jetzt mehr und mehr als das vermutlich einzige Purgatorium zu erkennen gibt. Positiv gewendet und mit Platon gesprochen: *Das Gefieder keimt* (Phaidros). Auch hat die Kausalität nun einigermaßen ausgedient, naheliegenderweise, möchte man sagen, denn dass der so bequem erscheinende Gang der Dinge direkt ins *nevermore* und *never* führt, dürfte auf dieser hohen Stufe, die der Geist auf seiner Phänomenologie der Enttäuschungen mittlerweile zurückgelegt hat, bindendes Gedankengut sein. Kurz, es geht jetzt nicht mehr um Quantität (Z 1), sondern um Qualität.

Wir sind also in der ***Zauberbergzeit*** angekommen – mit ihrer typischen Mischung aus Panik und Idylle – und müssen nur noch vom Berg wieder hinab, mit den Worten Kierkegaards gesagt: Es geht um den *Sprung* in den Existenzgrund (whatever it means). Und da man ohnehin springen muss, so oder so springen muss, empfiehlt es sich – so Blaise Pascal –, in Gott zu springen, und das aus rein praktischen, ja schnöd spieltheoretischen Erwägungen heraus: Gibt es ihn, so ist man auf der sicheren Seite, gibt es ihn nicht, ist ohnehin alles egal.

Wir selbst würden *keineswegs* so rustikal argumentieren. Auch scheint uns die *Abschaffung des Todes,* wie sie Adorno mitunter gefordert hat, materialistisch gesehen, absolut naheliegend, durchaus ambitioniert und grundwünschbar.

Keine Frage. Wir glauben allerdings, dass Adorno am falschen Ort sucht, dort, wo nichts zu finden sein dürfte. Womit seine Utopie ein A-Topos ist, weil er die Topik des Daseins nicht sieht. Wir verstehen, dass er so denken muss. Aber er denkt, so denken wir nun wiederum, ontologisch falsch. Wir halten uns in diesen Fragen lieber an Kierkegaard und sagen: Das *Paradox* ist die einzig gültige Lösung für eine solch paradoxale Konstellation. *Denn das Paradox ist nicht nichts.* Wir könnten uns sogar denken, dass es *sehr viel* ist. Nämlich eine Art **lebenspraktische Schranke**, die ähnlich der biologischen Schmerzschranke und der physikalischen Lichtschranke und der Symbolschranke eine extrem hohe Funktion hat. Wir erinnern uns an das eingangs gebrauchte gemütliche Bild der Zollstation (Jünger) und wären geneigt, der **Verschränkungsfunktion** selbst eine hohe Bedeutung beizumessen. Das Paradox nämlich *zeigt* (und zwar ziemlich deutlich). Es ist eine Art *apophantisches* Reden. Ein apophantisches Reden ist ein paradoxes Reden, nämlich das Reden über Gott (oder den Urgrund, gerne auch: das Nichts), das sich nur negativ bestimmen lässt, nämlich dadurch, dass man nichts (Positives, Sinnvolles, intellektuell Stimmiges) sagen kann (Augustinus, Luther). Man wird das Heil also nicht bedrängen können. Schade. Und so bleibt, zumindest formal, das Ausbleiben des Seins das Sein selbst – eben in seinem Ausbleiben. Theologisch gesagt: **Gott wirkt, und zwar genau in seiner Abwesenheit.** Er wirkt – in der Wirklichkeit. Anders wäre es auch nicht so einfach, denn die **Präsenz** – wir sahen es ja – wird überhaupt nicht wahrgenommen und einfach konsumiert. Dummdreist, aber wahr. **Nur der Entzug wirkt.**

Allerdings ist auch das Nichtsagenkönnen wiederum nicht nichts. Auch das Sagen sagt in seinem Widerspruch, in seinem permanenten Selbstdementi, so etwas wie die paradoxe Wahrheit. **Der Entzug wirkt also doppelt.** *Er verweist.* Ein solches Sagen ist also ein höheres *Zeigen.* Und so, wie wir für das übliche Zeigen eines vorhandenen Dinges das Kürzel **Z 1** verwenden können, nennen wir dieses höhere Zeigen einer vorhandenen Struktur nicht anders als **Z 2**. Das Zeigen hat also *einen sehr starken Verweischarakter.* Und dadurch bleibt, um ein geläufiges Wort von Laotse zu paraphrasieren, auch im Nichtssagen nichts ungesagt.

VI. Nachwort

Wir haben uns in der nun vorliegenden kleinen Arbeit *sehr* um eine gute Lesbarkeit bemüht. Das hatte zur Folge, dass wir die Dinge nicht in einen engen terminologischen Pferch (wie etwa bei Heidegger) gesperrt haben, wodurch wir, und das ist eindeutig der Nachteil der Operation, natürlich hochgradig angreifbar werden. Klare Aussagen und diese auch noch mit geringen Statusansprüchen verbunden, da wird es dann schnell zugig. Aber in den Wind des Fallibilismus muss man sich ohnehin irgendwann einmal stellen. Machen wir es lieber gleich. Ferner verzichteten wir auf Fußnotenorgien sowie darauf, das Denken der erwähnten Autoren in ein historisches, biografisches und vor allem innertextuales, also philosophiegeschichtliches Beziehungs- und Abhängigkeitsgeflecht zu stellen. Das sind Romane für sich. Auch erklären wir uns kurzerhand an einigen Stellen der Paraphrase, sprich: des indirekten Zitats für schuldig und nehmen die akademische Strafe des Mittelentzugs für unser Philosophisches Seminar kaltblütig in Kauf. Denn das Schöne daran ist: es gibt überhaupt kein Philosophisches Seminar. Deshalb ist die Form des Pluralis Majestatis, sprich: des großtönenden *Wir*, ein reines Stilmittel, da uns das *Ich* nicht zur Verfügung stand, was eine grobe Verletzung von Meta- und Objektsprache gewesen wäre. Denn ein Ich spricht in diesen Zeilen mitunter recht geläufig über das Ich, was einen merkwürdigen Rückkopplungseffekt, also ein Fading ergeben hätte, so blieb uns nur diese Wahl.

Natürlich ist auch sie problematisch. Denn es legt nahe, dass dieses *Wir,* das ja ein *Ich* ist, gleichsam am sicheren Ufer sei und zusehe, wie andere sich auf hoher See abquälen („Du sitzt hier bequem auf deinem Stuhl, hast drei Weizenbier getrunken und bist schön locker", Lukrez). Das ist natürlich absolut nicht der Fall. Also hätte man stärker mit dem Begriff arbeiten müssen, denn die Probleme, die der Begriff benennt, sind zugleich unsere Probleme. Das erschien uns in Anbetracht der ohnehin schon nickligen Fragestellung viel zu umständlich. Aber, wie gesagt: Es gibt überhaupt kein Wir.

Auch mag der *ironische Ton* dem einen oder anderen unangenehm aufgefallen sein. *Aber er hält die Dinge auseinander,* gleichsam in Halbdistanz. Der Ironiker, schreibt Kierkegaard sinngemäß, verlächerlicht die Wirklichkeit, indem er sie mit den Gedanken misst, und die Gedanken wiederum, indem er ihnen die Wirklichkeit vorhält, wobei er selbst, der Ironiker, fein heraus ist und sich gibt, als sei er die Unschuld vom Lande. Völlig richtig. Anders aber hätten wir diese Schrift – die ja nichts anderes als ein ziemlich langes Selbstgespräch ist – nicht führen können, weil ja das Selbstgespräch *bekanntlich extrem nahe am Phantasma gebaut ist* (da hat Slavoj Zizek natürlich völlig recht) und somit von der Gravitation des einen oder anderen *intensiven, energiereichen Gedankens komplett verschluckt* worden wäre. Wir möchten nur kurz einen Eindruck schildern, den wir bislang nicht kannten und der sich uns in diesem langen Selbstgespräch als nahezu zwingend eingestellt hat: Das Leben scheint eine schmale Landzunge zu sein, eine Landzunge inmitten eines Meeres von Möglichkeiten. Mehr Zunge als Land, könnte man mitunter glauben. Während wir reden und handeln und gehen, **entsteht erst der betretbare Boden.** Wir wären also, mit einem Wort des frühen Ernst Bloch, Wandernde und Kompass zugleich. Ob dieser Effekt, der sich hier *sehr stark* einstellte, empirisch und auf das reale Subjekt hin gesehen, ganz generell richtig ist, möchten wir nicht beurteilen. Wir wissen es nicht. Es ist nur ein persönlicher Eindruck. Ansonsten gilt der alte Satz: Wer glücklich ist, der fühlt, wer unglücklich ist, muss denken.

Natürlich geben wir auch gerne zu, dass wir nur *Indizien* vorlegen konnten. Das bringt die Art des Themas leider mit sich. Wer *Beweise* braucht, der glaubt hier an *Wunder*. **Die Welt im Ganzen aber ist das Wunder, deshalb können Wunder im Wunder auch unmöglich geschehen.** Und selbst gesetzt, es gäbe Wunder – gleichsam als Beweis –, dann würde genau der, dem zuliebe das Wunder geschieht, diesen Beweis als puren Wunderglauben abtun. Ein no-winning-game. Leider erwarten die meisten Menschen sinnfällige, fingerklare, haptische Beweise. Alles andere ist ihnen „Hirngewichse", wie man ja mitunter durchaus meinungsfreudig hört. Als glasklarer Beweis ließe sich also ein Treffen von Frau Schröder mit Herrn Gott vorstellen. Herr Gott sagt freundlich Guten Tag und hat auch praktischerweise ein iPad unter dem Arm, auf dem er Frau Schröder mit dem Paradies bekannt macht. Natürlich gäbe es auch da viel zu bemängeln (Frau Schröder ist vielleicht gar keine Gartenliebhaberin), aber in der Summe ginge nur das bei der Schröderschen als vollgültiger Beweis durch. Leider arbeitet Gott so nicht. Das nervt wiederum die Schrödersche, die jede Form der *indirekten* Methode, sprich: des Verweises, als unnötige Belästigung ihres Verstandes ansieht. Glücklicherweise denkt Gott für Frau Schröder mit, denn die *direkte* Inanspruchnahme des Bildes würde naheliegenderweise den Tod von Frau Schröder voraussetzen, was, wie wir sie zu kennen glauben, der Schröderschen momentan extrem ungelegen käme. Allerdings sind wir uns – aufs Große und völlig unironisch gesehen – bei einem Prozess, in dem letztlich ein milliardenfacher Mord verhandelt wird, für Indizienschlüsse nicht zu schade.

Nicht unerwähnt wollen wir lassen, dass – rein aus erzählerischen Gründen – der Heilige Augustinus deutlich zu gut weggekommen ist. Denn er war nicht nur ein scharfer und phantasiereicher Denker, sondern auch ein Seelenterrorist, der gleichsam die Hölle erfunden hat. Zumindest in seiner Hardcore-Version als *ewige* Verdammnis, als endlose Strafe für endliche, also irdische Verfehlungen. Und nicht nur die Hölle (man darf hier ja wohl klar von *Selektion* an der Rampe des Todes sprechen), sondern auch gleichzeitig die *Prädestinationslehre*, den größten „Psychofick aller Zeiten", studentisch gesprochen. Richtig widerliches Zeug also. Sollte man nicht unerwähnt lassen, bevor der Strich gezogen ist.

Augustinus wird seine Gründe (vor allem motivationaler Art) gehabt haben, aber die wiegen natürlich nichts gegen die Instrumentalisierung der menschlichen Angst und die schwere Zerrüttung der Seelen. Da kann uns die Kirche heute so kumpelhaft kommen, wie immer sie es vermögen zu müssen vermeint, Freunde werden wir nicht mehr. Und nicht vergessen: 2000 Jahre Christentum, 2000 Jahre Parusieverzögerung (also die erneute und rettende Ankunft Christi auf Erden), die irgendwann, und zwar mangels Erfüllung, gleich ganz und gar in luftigere Regionen verlegt wurde, also binnentheologische Superdiskurse, „reines Stressgequatsche", um den besten Freund des *Dude* zu zitieren: alles nicht wirklich schön.

Da man gegen das Ende hin meistens milder gestimmt ist, möchten wir diese Stimmung auch nutzen und uns *ausdrücklich* gegenüber der Naturwissenschaft und ihren herausragenden Vertretern entschuldigen. Wenn wir etwas forsch mit Heidegger gesagt haben: Die Wissenschaft denkt nicht, ja: Sie *kann* es noch nicht einmal, dann ist das richtig, aber auch gleichzeitig falsch. Richtig ist, dass sie das „Sein", also den Matador, nicht sieht, der ihr die *mantilla*, nämlich das rote Tuch, also das „Seiende" hinhält. Das heißt: Die empirische Wissenschaft rennt mit Schmackes gegen den hingehaltenen Schein und wird natürlich schärfer und schärfer. Allerdings ist es auf einem *sehr hohen* Niveau letztlich auch gleichgültig, wogegen man rennt, denn natürlich sind Mantilla und Torero am Ende ein und dasselbe. Deshalb muss man den bösartigen Satz Heideggers: „Die Wissenschaft denkt nicht", insoweit ergänzen, dass man sagt: Dafür, dass sie nicht denken kann, denkt sie wiederum nicht schlecht. Auch sagen wir *sorry!* den Mathematikern, deren Geschäft vermutlich um Lichtjahre zu unterkomplex dargestellt wurde. Wir können noch nicht einmal einfachstes Bruchrechnen. Außerdem wollen wir es uns nicht verkacken, denn – offen gesagt – schielen wir schon ziemlich scharf auf die Quantencomputer, die vielleicht genau jene Überlagerungszustände ausdrücken können, die wir hier nur *vermuten*. Gleichwohl bleibt es überaus mirakulös und des ewigen Staunens würdig, dass gerade die Natur sich so gibt, als habe sie ausgiebig Mathematik studiert. Zumindest ist es ihr offensichtlich gelungen, sich vollständig in diesem hochformalisierten System gültig auszudrücken. Da die Mathematik sich nie bemäßigt fühlte, der Natur ihre Regeln abzulauschen und nur die Logik interner Relationen folgt, kann man die Natur gar nicht hoch genug dafür loben, dass sie ihrerseits auf die Mathematik zugegangen ist. So sehen Happy-Ends aus.

Zum Schluss noch eine – allerdings bedeutende – Einschränkung: Unsere Gedanken *können auf gar keinen Fall* vollständig richtig sein. Oder: *so* nicht vollständig richtig sein. Und zwar unabhängig davon, ob sie „tief" oder „flach" empfunden, „sauber" oder „unsauber" abgeleitet oder im Einzelnen „wahr" oder „falsch" gedacht sind. Das gilt aber – soweit wir sehen – für *alle* Gedanken. Denn sie stehen immer auf einem Grund, der seinerseits *nicht* einsehbar ist. Dieser Grund ist jeweils immer *dunkel*, und zwar *notwendig* dunkel. Wir werden also, kurz gesagt, von etwas gehalten, das wir selbst *nicht* kennen. Wir kennen diesen Grund erst dann, wenn wir woanders stehen. Dann erkennen wir *diesen* Grund, allerdings nicht jenen *neuen* Grund, auf dem wir jetzt stehen. Und von ihm aus wiederum das große Wort führen. Das ist ein altes strukturalistisches Problem. In den goldenen Zeiten des Deutschen Idealismus wurde genau diese Aporie namhaft gemacht und ihre Lösung, nämlich als *Selbsterkenntnis des Geistes* (Hegel), zum Ausweis des wahren Gedankens erhoben. Wir sind uns da nicht mehr so sicher.

Wir glauben an den *toten Winkel* jedes Denkens (und somit auch: Fühlens, Handelns und Lebens, vor allem: Liebens) und schätzen daher den Ertrag aller Anstrengungen vergleichsweise gering ein. Auch erwarten wir nichts. Im Grunde ist diese kleine Schrift eine gymnastische Übung. Oder, wie Augustinus schreibt: Wer die Wahrheit sagt, der kommt in die Wahrheit. Vielleicht stehen wir nach dieser gymnastischen Übung etwas besser. Vielleicht ist sogar ein Schritt getan. Was nicht wenig wäre, denn jeder Anfang ist bekanntlich immer die Hälfte vom Ganzen. Wir können nur sagen: Macht es besser. Viel Spaß. Und immer schön daran denken: *Dieser tote Winkel ist, empirisch gesehen, wiederum niemand an-*

deres als das Subjekt selbst. Und somit erläutern sich letztlich alle Begriffe dadurch, „dass der, welcher sie versteht, als unsinnig erkennt, wenn er durch sie – auf ihnen – über sie hinausgestiegen ist" (Tractatus). Wittgenstein benutzte für den Gedanken bekanntlich das behäbige Bild einer Leiter und sagt über den Denkenden: „Er muss sozusagen die Leiter wegwerfen, nachdem er auf ihr hinaufgestiegen ist." Das Bild der Leiter hat Wittgenstein übrigens von Schopenhauer geklaut. Wir wiederum klauen es von Wittgenstein. Das ist alles.